Il divano

336

DELLO STESSO AUTORE

La stagione della caccia
Il birraio di Preston
Un filo di fumo
La bolla di componenda
La strage dimenticata
Il gioco della mosca
La concessione del telefono
Il corso delle cose
Il re di Girgenti
La presa di Macallè
Privo di titolo
Le pecore e il pastore
Maruzza Musumeci
Il casellante
Il sonaglio
La rizzagliata
Il nipote del Negus
Gran Circo Taddei e altre storie di Vigàta
La setta degli angeli
La Regina di Pomerania e altre storie di Vigàta
La rivoluzione della luna
La banda Sacco
Inseguendo un'ombra
Il quadro delle meraviglie
Le vichinghe volanti e altre storie d'amore a Vigàta
La cappella di famiglia e altre storie di Vigàta
La mossa del cavallo
La scomparsa di Patò
Conversazione su Tiresia
Autodifesa di Caino
La Pensione Eva
La guerra privata di Samuele e altre storie di Vigàta

Andrea Camilleri

Il teatro certamente
Dialogo con Giuseppe Dipasquale

Sellerio editore
Palermo

Questo volume è stato stampato su carta Arena Ivory Smooth prodotta dalle Cartiere Fedrigoni con materie prime provenienti da gestione forestale sostenibile.

Camilleri, Andrea <1925-2019>

Il teatro certamente : dialogo con Giuseppe Dipasquale
/ Andrea Camilleri. – Palermo: Sellerio, 2023.
(Il divano; 336)
EAN 978-88-389-4571-7
1. Camilleri, Andrea [e] Dipasquale, Giuseppe.
I. Dipasquale, Giuseppe, 1963.
852.914 CDD-23 SBN Pal0364365

CIP – *Biblioteca centrale della Regione siciliana «Alberto Bombace»*

Il cantore di Vigàta

di

Giuseppe Dipasquale

Questo libro nasce da una serie di conversazioni fatte insieme ad Andrea Camilleri nella sua casa romana, prima in quella di viale Carso, poi in quella di via Asiago.
Ero solito andare a trovare Andrea. Un appuntamento necessario per me durato oltre vent'anni, sia quando anche io dimoravo a Roma, sia quando poi l'ho lasciata per trasferirmi nuovamente in Sicilia, ma che non ho mai mancato ogni qual volta ripassavo per la Capitale.
Con Andrea si parlava di tutto: cultura, politica, ricordi, notizie del momento. Non c'era mai un argomento stabilito. Si andava a braccio.
Un giorno proposi ad Andrea di registrare le nostre conversazioni. Lui acconsentì volen-

tieri. Gli piaceva conversare, fin dai tempi dell'Accademia, e credo di essere stato un buon ascoltatore.
Principalmente in queste conversazioni registrate abbiamo parlato di teatro. Lo invogliavo io a discutere di e sul teatro e lui amava canzonarmi dicendomi che non sapevo pensare ad altro. Si divertiva a dire ad altri amici comuni che io ero l'unica persona che alla domanda «come va?», rispondeva ragionando di lavoro e di teatro e non di famiglia o salute. Ed in fondo era vero, la mia è stata ed è una fanatica passione che ha riempito tutta la mia vita, e forse la miccia di questa passione l'ha innescata proprio Camilleri.

Più volte Andrea Camilleri ha ripetuto di non sentirsi un autore teatrale nel senso pieno dell'accezione. Io credo fortemente che egli abbia avuto una conoscenza del teatro unica per non riconoscere con saggia consapevolezza il peso di questa affermazione. È stato per

decenni regista teatrale, allievo di un grande maestro come Orazio Costa. La sua modestia nello schermirsi dal rango di drammaturgo è solo frutto di sano realismo.
Il teatro tratta il materiale verbale, scritto in proprio o da altri autori, a differenza della letteratura che è di per sé compiuta nella pagina consegnata all'editore. La navicella della fantasia teatrale permette voli pindarici all'interno di percorsi umani inaspettati. Puoi essere Edipo o Riccardo III senza necessariamente avere vissuto le medesime esperienze, eppure allo stesso tempo poterle raccontare come fossero le tue, ed ogni volta con altri attori è sempre una storia diversa seppure uguale a se stessa. La stessa cosa può accadere in letteratura, con la sola differenza che il lettore, in teatro, non è come il lettore dei libri. È – come diceva Antonio Gramsci – un lettore immediato, seduto in platea di fronte a te, che non può permettersi, come farebbe con le pagine di

un testo scritto su un foglio di carta, di tornare indietro nella storia. Non può dire all'attore «fermati, torna indietro che voglio risentire questo passaggio e goderne ora, ancora!». Il lettore teatrale vive la storia qui e ora, quello dei romanzi vive lì e allora. È una differenza fondamentale, e Andrea ha prediletto senza dubbio quest'ultima senza però mai rinnegare la prima.

L'ho già scritto altre volte, ho sempre considerato Camilleri – nella vita, come nella scrittura – un nuovo tipo di aedo moderno. *Egli è un cantore pre-filosofico di storie, cantore di miti senza l'intento lirico che permeava la poesia omerica o pre-omerica. Con il carico di secoli pieni di razionalismo, certo, e pure con una coscienza popolare dello spettatore (di cui, in quanto autore, conosceva appartenenze e classe), ma pur sempre un cantore, un affabulatore di miti moderni.*

Questa esemplare capacità di narrare e far vivere la storia, a mio avviso, è la ragione del suo successo letterario planetario. Le traduzioni dei suoi romanzi in decine di paesi stranieri, in lingue differenti ed impossibili rispetto al vigatese *camilleriano, sono il risultato automatico che un altro popolo di lettori e un'altra cultura ha acquisito il significato della sua parola e non la forma del suo* vigatese. *Lingua espressiva che, va ribadito, non è siciliano, ma lingua mescidata e reinventata alla stregua di quelle nella linea immaginaria che Gianfranco Contini disegnava da Folengo a Gadda.*

Egli parla della Sicilia, e la usa sciascianamente come metafora, trasfigurandola a sua volta in un luogo non veramente reale, quella Vigàta non geografica, ma costruita perfettamente nella sua immaginazione. Vigàta, paese di fantasia e verità, sospesa nel tempo e nello spazio, ha cielo sopra, sotto e lateralmente. È il luogo della fabula che Camilleri costruisce con caratteristiche di sospensione dello spazio e dell'azione dei personaggi che accoglie. Se Vigàta ha una topografia non può essere che magica e si tinge dei colori della memoria, che sono tanti, infiniti e a volte neppure precisabili. Vigàta è un paese reale ed immaginario ad un tempo; è il luogo della memoria dove si riannodano tutte le trame della realtà sempre uguale a se stessa, ma anche ogni volta irripetibilmente nuova. Tutti possiamo entrare nel paese di Vigàta come in una fiaba. Senza che ciò abbia nulla di banalmente fanciullesco, semmai di primigenio: e ancestrale. Vigàta sembra non avere tempo, in realtà il suo tempo è condensato come in un grande buco nero: se entri da una porta puoi, senza razionale spiegazione, ritrovarti ad un'uscita opposta. Perché in Vigàta coesistono il tempo del Birraio di Preston *come quello di Salvo Montalbano, e sembrano scorrere insieme, senza che l'una infici l'altra. Camilleri ha costruito la topografia del paese secondo le sue esigenze narrative. Vigàta è sempre perfetta perché rispetta le necessità del suo autore.*

Camilleri ha parlato di una Sicilia diversa, non quella «offesa» di Vittorini, ma quella che ha concluso una elaborazione storica del suo lutto. Per Camilleri si è consumata definitivamente la geremiade antropologica e culturale di dannare e dannarsi per il proprio destino di vittime. In un esempio sublime e divertito di narrazione dei caratteri, la Sicilia e il suo mondo, come i suoi personaggi, vengono narrati sotto una luce solare, piena di nuances *e vivida di colori. Non più la Sicilia delle madri, del dolore e della eterna dominazione dello straniero, ma quella del germe, futile e divertente ad un tempo, del paradosso siciliano: vivere della disdetta della propria natura, ed in più riderci sopra. Questo è quello che subito affascina della scrittura di Andrea Camilleri, ed è quello che chiunque lo abbia conosciuto bene ha potuto riscontrare nella sua visione naturale delle cose e della vita. Non più la Sicilia delle lacrime che piange sulla sua inconsolabile tragedia, ma una Sicilia ironica e distaccata che riconosce finalmente di essere essa stessa causa del suo male. Ciò non significa disconoscere il movente di un lutto legittimo e storico, ma, finalmente, non lamentarne più astrattamente la mancata soluzione e talvolta ammettere di non voler cambiare nulla. Con la vicenda di Camilleri io credo fermamente che siano spariti di colpo gli adagi del* mondo offeso, *del* siamo come dei *e via discorrendo. È come se si fosse compiuta, sullo specifico tema Sicilia, una catarsi che, per corso naturale, ha illuminato il lato comico di quell'atteggiamento. Vi è un dialogo emblematico nel testo de* Il birraio di Preston *dove ritrovo racchiusa in breve questa visione di un mondo votato per natura al paradosso, a dispetto di qualsiasi realtà:*

HOFFER – *Kosa essere successo?*
UOMO – *Dove?*
HOFFER – *Kome dofe? A Figàta, kosa essere successo?*
UOMO – *Pare che ci sia un incendio.*
HOFFER – *Ma kome è stato? Lei sa?*
UOMO – *Non lo sapete?*
HOFFER – *No. Nessuno kvi sa.*
UOMO – *Ah. Pare che la soprano a un certo punto stonò...*

La Sicilia che Andrea Camilleri ha trovato interessante raccontare, è quella per certi versi anche un po' «ridicola» (e so bene quanto questo termine possa suonare offensivo a molti siciliani), un po' caricatura di se stessa, un po' per storia e per natura tragediatura, *ma raccontata con gli occhi sin-*

ceri e non maliziosi di un siciliano. Questa Sicilia che non dimentica i morti né i mali letali che cercano di consumarla inesorabilmente dal di dentro, che non dimentica il tradimento verso valori appartenuti a se stessa quando era culla di una civiltà, questa Sicilia oggi può senza timore ricominciare a parlare di se stessa con la necessaria ironia e distacco, affinché l'autocompiacimento delle virtù, come dei vizi e dei dolori, non costituisca lo stagno dal quale diviene difficile uscire.

Se è vero che a pochi uomini è dato il privilegio di consegnare in vita la propria anima, questo è il caso di Andrea. Ha consegnato all'umanità se stesso e il mondo meraviglioso che la sua infinita immaginazione ha saputo costruire. Lo ha fatto con la sua parola «scritta» e con la sua parola «detta». Il senso delle storie, nei romanzi di Andrea Camilleri, ha il principio della sensibile affidabilità inventiva ed immaginifica ad un tempo che conduce il lettore attraverso un meccanismo poetico che è quello dello «stupore» del fanciullo.

Se dovessimo individuare uno specifico nella scrittura di Andrea Camilleri, e aggiungerei nella sua vita, questo è proprio il senso delle storie. *La capacità di saperle raccontare, o meglio, come dice lui stesso, saperle «contare» come un contastorie di un grande pozzo fantastico di storie che con abilità affabulatoria non comune a tutti gli scrittori incanta, meraviglia e seduce. Camilleri ha interpretato il bisogno di storie dei lettori senza sforzo perché lo possedeva in sé. Per lui tutto è storia, non nel senso polveroso e noioso degli studiosi ancorati per necessità ai Documenta Historiae, ma nel meccanismo tutto umano di fatti concreti ricollocati con grande abilità nella memoria e nella fantasia. La sua è una narrazione con lo strumento espressivo di una lingua mescidata e inven-*

tata – al pari di una tradizione illustre che va da Folengo a Gadda – che recupera il piacevole senso del lettore di riconoscervisi e di immedesimarsi nei fatti narrati.

Di questo modo d'essere posso testimoniare una delle tante esperienze compiute con Andrea: da allievi di Regia in Accademia eravamo affascinati, sedotti e rapiti dalle sue lezioni. Camilleri amava insegnarci la Regia teatrale non attraverso teoremi e formule teoriche, ma attraverso le storie. Stavamo giornate intere, quasi senza tempo, a sentirlo raccontare dei suoi sogni e delle sue esperienze professionali e umane come delle grandi storie vissute ed esemplari. Il regista, diceva, deve sapere raccontare storie scritte da altri, ma a suo modo, facendole sembrare sempre nuove.
In questo libro ne conversiamo ripercorrendo dai tempi dell'Accademia Nazionale Silvio d'Amico, dove ci siamo conosciuti

e dove lui era il mio insegnante di Regia teatrale, fino alla fine della nostra collaborazione, interrotta da un viaggio che Andrea ha deciso di compiere per l'eternità. Nel mezzo tutte le stazioni del nostro viaggio teatrale e terreno fatte dalle drammaturgie che abbiamo costruito a quattro mani.

Sono circa una decina i titoli che negli anni abbiamo scritto per il teatro. Per lo più sono tratti dalle sue opere e alcuni invece originali, ma tutti hanno una storia di composizione e umana a sé, per quanto concerne il nostro rapporto, direi unica. Ogni lavoro di drammaturgia è stato pensato, discusso, ragionato e messo anche a rischio affinché ne uscisse fuori un testo plausibile per il teatro. Ovvero un testo che un regista, a partire da me, fosse facilitato a mettere in scena, e che degli attori recitassero senza difficoltà. Il tutto cercando di mantenere intatta la forza narrativa che ne aveva fatto

un caso sul piano letterario. Così in particolare è stato per Il birraio di Preston, *per* La concessione del telefono, *per* La cattura, *che in questa conversazione analizziamo in maniera dettagliata.*
Fra un titolo e l'altro ci sono state negli anni le nostre conversazioni sul teatro. Era la nostra finestra comune, iniziata ai tempi dell'Accademia, di cui ci piaceva ragionare in modo anche non sistematico per cercare di comprendere ancora di più che senso continuasse ad avere questo meraviglioso mestiere così pieno di gioie, così pieno di delusioni. È stata una finestra sul mondo teatrale, nel quale ci siamo inoltrati per questi lunghi anni senza un preciso ordine di tema e di tempo, lasciando che ogni spunto ci portasse sul ragionamento che la conversazione richiedeva o sulla memoria che Andrea coglieva per eleggerla ad esempio dell'oggetto del nostro dialogare.
Ma in fondo questo libro è anche una sorta di resoconto del viaggio che abbiamo com-

piuto sul treno della nostra esperienza comune e di una visione particolare della vita e del teatro, e che egli, da grande maestro quale è stato per me, mi ha voluto generosamente regalare.

Tra le tante cose che ho avuto la ventura e la fortuna di condividere con Andrea Camilleri c'era anche la passione per i treni. Passione per il mezzo in sé, che costituiva la valida, necessaria alternativa all'aereo come trasporto a lunga distanza, ma anche e soprattutto passione per la concezione del senso del viaggio che il treno rappresenta.

Il tempo è un concetto filosofico e del tutto personale. Malgrado l'illusione dell'uomo di volerlo misurare, esso svolge il proprio incedere tutt'uno con lo svelamento dell'individuo. Noi camminiamo sulla linea del tempo con la misura della nostra anima, non con quella della clessidra o dell'orologio. Nel tempo c'è conoscenza e apprendimento. Nel tempo c'è lo spazio, la sua acquisizione e la sua consapevolezza. Il treno è il veicolo migliore perché si compia questa sublime alchimia: come una macchina che ti trasporta in mezzo allo spettacolo della terra, dei luoghi, dei colori e degli odori del viaggio senza farteli sorvolare, ma passandovi in mezzo. Come diceva Flaiano: «La stazione ferroviaria, l'unico luogo di una città straniera dove la nostalgia per il paese lontano possa placarsi».

L'episodio che racconto sempre e che in questa conversazione ricordo ad Andrea riguarda proprio un treno: fu in Accademia Silvio d'Amico che Camilleri, dopo avermi fatto parlare per un'ora e mezza senza proferire parola, mi inchiodò su un'unica domanda. «Mi sa spiegare» mi disse sornione nella sua elegante e profumatissima figura dandomi del lei «l'esempio che Ferdinand de Saussure, nel Cours de linguistique générale, *fa a proposito di un treno?». Basito, attonito, sperduto. Avevo ventidue anni, avevo letto Saussurre e l'esempio che chiedeva Andrea si trovava nelle note in appendice! Ebbi fortuna, lo ricordai e da lì iniziò la mia amicizia con questo meraviglioso e immenso uomo.*

In seguito, parlando proprio di quell'episodio, scoprimmo di avere entrambi una naturale idiosincrasia per il volo aereo e di adorare invece il viaggio su rotaie. Di qualsiasi tratta ci venisse in mente, di qualsiasi distanza da raggiungere per fantasia o realtà si parlasse, v'era un solo modo per affrontarla: il treno.

In una sola occasione prendemmo l'aereo insieme, fu un'esperienza infernale e comica allo stesso tempo: ce la siamo ripetuta per anni ridendoci sopra.

Fu quando gli offrirono di andare a fare una lezione su Pirandello al Centro Studi Piran-

delliani di Agrigento. Era il 1986, ed io ero allievo di secondo anno di Regia. Con una fiducia nei miei confronti di cui non gli sarò mai abbastanza grato, Andrea mi chiese di accompagnarlo dicendomi che aveva fatto estendere anche a me l'invito dal Centro Studi, allora diretto da Enzo Lauretta, per svolgere una lectio su Pirandello. Io trovai davvero lusinghiero questo invito, ma provai a resistere dicendo ad Andrea che forse ancora non ero del tutto pronto per tenere una lezione di tal genere, ma Andrea riteneva di sì e mi invitò con la sua bonaria ironia a non rompere... e a preparare i bagagli!
La cosa divertente fu quando ci ritrovammo seduti in aereo l'uno a fianco all'altro. Fu in quel momento che scoprimmo di avere la stessa idiosincrasia per quel mezzo che entrambi non riuscivamo a capire come potesse staccarsi da terra e volare. La cosa, che poteva angosciarci di più, ci mise invece una strana allegria e passammo tutto il viag-

gio a ridere e scherzare al fine, forse, di esorcizzare la paura del volo.

C'è un episodio capitato a Camilleri che ha dell'incredibile: in una delle tante volte che veniva da Roma in Sicilia, arrivato a Palermo con il notturno, prese il locale per Agrigento-Porto Empedocle. Mentre stava per salire sulla vettura, si accorse che un gatto maculato, con fare sicuro, saliva beatamente prima di lui. Camilleri, amante dei gatti, avvertì subito il capotreno dell'accaduto. La risposta lo gelò, divertendolo assai: «Non si preoccupi, è un nostro viaggiatore abituale. Prende solitamente il treno per Termini Imerese a quest'ora e ritorna a Palermo con quello delle 20,00». Il fatto era vero, mi raccontava Andrea, perché lui stesso lo vide scendere, come aveva detto il capotreno, a Termini Imerese!

Il caso volle, proprio qualche anno fa, esattamente nel 2016, che proponessi ad

Andrea di mettere in scena Il casellante, *romanzo anch'esso come gli altri edito da Sellerio, ambientato appunto in un casello ferroviario negli anni '40, proprio sul finire della Seconda guerra mondiale in prossimità dello sbarco degli Alleati. In questo romanzo, come sfondo alla vicenda dolorosa e magica della protagonista femminile Minica, tutto avviene sulle rotaie della rete ferroviaria Vigàta-Cannelle. Ricordate l'incipit? «Il treno a scartamento ridotto che si partiva dalla stazioni nica nica di Vigàta-Cannelle diretto a Castellovitrano, ultimo paìsi sirvuto dalla linea, ci mittiva chiossà di 'na mezza jornata per arrivari a distinazioni, dato che le firmate previste erano squasi 'na vintina, a non considerari quelle impreviste dovute a traversamenti di mannare di crape e pecori opuro a qualiche vacca che pinsava bono d'addrummiscirisi 'n mezzo alle rotaie...».*

La mia regia, nel progetto scenografico, prevedeva proprio un doppio binario ferroviario dove si svolgeva tutta l'azione scenica. Avevo messo anche un carrello d'epoca (1942) in scena dove salivano e scendevano i personaggi, che sembrava correre da un posto all'altro come voleva il racconto.
Andrea sognava di comprare una casetta simile al casello del suo casellante dove godere de «l'assoluta bellezza della solitudine, del silenzio». Perché il treno rappresenta orgogliosamente un mondo antifuturista, antico e a misura d'uomo. Dove la velocità non cancella lo spazio, non lo occlude o rimuove nell'illusione di una rimaterializzazione istantanea in altro luogo con altro tempo, ma persegue il tempo della vita non tralasciando mai la consapevolezza di essere presente, qui e ora. «Quando ero giovane e avevo necessità di andare a Palermo» racconta Camilleri in una intervista a Gaetano Savatteri «era il '41 o il '42, non

c'era una corriera Agrigento-Palermo, c'era il treno. Io ogni 15 giorni, raccattando i soldi che mio padre mi dava, andavo alla libreria Flaccovio per vedere quali erano i libri pubblicati, le novità. Il viaggio durava quattro ore e mezzo. Prendevo una vettura di terza, arrivavo a Palermo, compravo i libri e durante il viaggio di ritorno li divoravo. Il treno faceva frequenti e lunghe soste in queste stazioni meravigliose: a un piano, basse, perse nelle campagne, me le ricordo tutte così. Stazioni che non si aprivano sul paese, ma su una strada di campagna dove, bene che andava, c'era una Pintaiota, una corriera, che aspettava per portare al paese che era a quattro chilometri; se andava male, invece, te la facevi a piedi con la valigia sulla spalla. Ebbene, queste stazioni invitavano il treno a sostare. Era come se dicessero: non c'è nessuna necessità di andare avanti, puoi fermarti senza prescia anche dieci minuti in più».

Ora, a qualche anno di distanza dalla sua scomparsa, mi piace immaginare che Andrea sia andato via prendendo un treno, il treno dell'eternità, e che nel suo viaggio, fermandosi di stazione in stazione, dica a se stesso: non c'è nessuna necessità di andare avanti, puoi fermarti senza prescia anche dieci minuti in più.

GIUSEPPE DIPASQUALE

Il teatro certamente
Dialogo con Giuseppe Dipasquale

Capitolo primo
L'Accademia

Ho frequentato l'Accademia Nazionale d'Arte Drammatica Silvio d'Amico dal 1985 al 1988, feci l'esame di ammissione con una commissione schierata alla stregua di un plotone di esecuzione in cui Andrea aveva deciso di stare nelle retrovie a guardare l'esame senza intervenire. Alla cattedra seduti ad esaminare noi giovani aspiranti registi vi erano Aldo Trionfo, allora ancora Direttore dell'Accademia che poi lascerà a Luigi Musati, anche egli presente, Elena Povoledo, Paolo Terni, Marise Flach ed Angelo Corti. Andrea, appunto, presente ma defilato. Dell'Accademia se ne può pensare bene e male, e sia io che Andrea nell'ultimo periodo avevamo un pensiero critico intorno a quello che era diventata, tuttavia non si può non riconoscere, ed esserle grati per questo, che è da sempre stata – e ritengo tutt'ora ancora lo sia – una istituzione umana e professionale impareggiabile nel novero della formazione artistica italiana. Prendiamo spunto da quegli anni per entrare nel discorso teatrale.

DIPASQUALE: *Allora Andrea, noi ci siamo conosciuti, anzi io ho conosciuto te, nel 1985, in Accademia, dove venivo a fare l'esame da allievo regista e tu eri docente di Regia e stavi in commissione d'esame. Anzi stavi dietro la commissione, perché non amavi stare nel tavolo insieme agli altri...*

CAMILLERI: No, ero in seconda fila...

...E mi fregasti con una domanda... non so se te lo ricordi...?

No...

La domanda era, dopo un esame tenuto con la commissione di circa un'ora e mezza, sul corso di linguistica generale di Saussure. Non mi hai fatto una domanda generica, ma una domanda relativa ad una nota in appendice, che noi sappiamo essere importante in Saussure. Una nota particolare nell'appendice del testo editato dagli allievi... Albert Sechehaye e Charles Bally, e volevi sapere se io la conoscessi o meno. Mi andò di fortuna perché l'avevo letta, altrimenti forse oggi non sarei qui con te.

Vedi, questa era una mia tecnica, ovvero quella di lasciare parlare molto. Se lasciavo parlare molto, voleva dire che la cosa che veniva detta mi interessava, magari non la condividevo, ma mi interessava l'intelligenza di ciò che veniva detto. E allora alla fine, cosa che i miei allievi ignoravano, la domanda carogna era come una conferma a un giudizio positivo: cioè vedere in che modo uno se la cavava. Ammetterai che una domanda così è una domanda carogna!

Abbastanza, infatti mi sentii perso!

Bastava che tu mi dicessi: nel mio libro non c'è... e io non ti avrei squalificato... Mi capitò con un altro allievo tedesco a cui arrivato a un certo punto citai quattro versi inventati sul momento, gli dissi il nome inventato del poeta tedesco e gli chiesi di parlarmi della poesia. Volevo sapere se la cultura fino a quel momento dimostrata era autentica, e lui rispose: «Non conosco questo poeta assolutamente, posso se vuole commentarle i quattro versi che lei ha detto...» risposta positivissima per me. Ecco, quindi non è che mi interessava la risposta in sé ma più il modo di cavarsela che poi è un modo del regista di cavarsela di fronte a certi problemi...

Ho una terribile curiosità che volevo chiederti da sempre. Orazio Costa è stato in Accademia il tuo maestro, anche se tu sei l'allievo meno probabile di Orazio. Che rapporto avevate?

Quando Costa andò via dall'Accademia fu lui a fare il mio nome al direttore di allora, Ruggero Jacobbi, per sostituirlo come insegnante. La cosa fu completamente improvvisa e stupefacente, perché degli allievi di Costa io ero stato sicuramente il più infedele in un certo senso, anche per una diversa idea sostanziale, basica del teatro. Per cui io pensavo che il successore naturale di Orazio sarebbe stato che so, Mario Ferrero, che era il più fedele dei suoi allievi, invece no, lui scelse me. E non mi diede spiegazioni. Forse la spiegazione risaliva a molti anni prima, quando io feci l'esame di Regia. Allora l'esame di Regia consisteva in questo: nel bando di concorso per i registi, c'erano sei titoli di testi teatrali, tu dovevi sceglierne uno e fare una sorta di tesi di laurea ovviamente volta alla messinscena. Poi dovevi allegare anche, che so, i figurini di probabili costumi e probabile scenografia e fare le note sulla recitazione, su come vedevi il personaggio. Insomma una tesi di laurea autentica. Poi c'era: «Storia di un personaggio». Potevi scegliere *Don Giovanni* o *Antigone* e descrivere la sua trasformazione attraverso i testi teatrali. Infine c'era una scena da recitare. Allora io non conoscevo nessuno della commissione, li conoscevo solo di nome: d'Amico, che avevo incontrato solo al premio di poesia; avevo visto un *Don Giovanni* di Orazio Costa al Piccolo Teatro di Milano meraviglioso e che mi aveva entusiasmato veramente, ma Costa non lo conoscevo personalmente e non sapevo neanche come era fatto. Quindi mi presentai in questo ottobre romano bellissimo del '49, al teatrino di via Vittoria, in un buio totale, solo il palcoscenico illuminato e in platea, davanti alla prima fila, un lungo tavolo con quelle lampade, sai, che fanno un alone di luce sul piano ma non diffondono niente intorno. Non vedevo chi era seduto a quel tavolo. Allora d'Amico disse: «vada in palcoscenico e reciti la scena». Io risposi: «... non ho preparato nessuna scena». «Perché?» fece lui. «Perché non ritengo che il regista debba necessariamente saper recitare» affermai spavaldamente. «Lei non deve ritenere nulla, deve attenersi al bando di concorso, io potrei escluderla!».

«E va bene, mi escluda, signor d'Amico...». Non sapevo allora che bisognava chiamarlo Presidente.

«No, non la escludo. Le do due ore di tempo, noi esaminiamo altri e lei in due ore prepara la scena!».

Poi voltandosi verso la sala buia continuò: «... c'è qualcuno che vuole aiutare questo qui...?».
Scoprii allora che la platea era gremita di ex allievi. E una splendida voce disse: «L'aiuto io!». Si alzò un ragazzo alto, bello, lo riconobbi, era Vittorio Gassman. Passando davanti al tavolo prese un numero della rivista «Il Dramma» e disse: «andiamo». Andammo nei camerini. Il testo che aveva preso a caso era *Arsenico e vecchi merletti*. Scegliemmo una scena e in due ore lui mi insegnò come farla. Ritornammo quindi in palcoscenico e recitammo la scena. Lui, Gassman, non solo diceva a me le sue battute, ma mi suggeriva anche quelle che dovevo dire io. Ad un certo punto d'Amico ci fermò: «Basta così, grazie Vittorio. Lei non teorizzi il fatto che è un cane e che non sa recitare. Non cerchi di fare una teoria del fatto che non sa recitare, venga giù!».

Principio sì giulivo, ben conduce. Mi sedetti davanti a Costa, che iniziò subito una sorta di sventramento sistematico, una specie di tortura dell'Inquisizione che si concluse due ore dopo. A un certo punto mi chiese: «Se lei avesse i soldi per mettere in scena l'opera che più le sta a cuore, quale sceglierebbe?». Lui si aspettava che dicessi *Faust*, *I sette contro Tebe*, io candido risposi invece *La vedova allegra*, che Costa vedeva come il Diavolo. L'esame si concluse con questa frase di Costa: «Sappia che nulla di quello che lei ha detto o scritto è condiviso da me». Me ne andai sconsolato, sicuro di non avercela fatta. Restai a Roma. Due settimane dopo venni rintracciato da mio padre che diceva che mi dovevo presentare in Accademia, ero stato ammesso. Arrivai in ritardo e mi incontrai subito con Costa. Ero l'unico allievo regista ammesso. Mi fulminò chiedendomi perché così in ritardo. Mi giustificai ricordandogli la frase con la quale mi aveva congedato e che mi aveva fatto pensare di non essere stato ammesso. Allora lui, severo, ma preciso, mi fulminò una seconda volta: «Il fatto che io non abbia condiviso le sue idee non voleva dire che erano stupide! Voleva solo dire che non le avevo condivise». Così conobbi la grandezza di Costa.

L'Accademia nasce nel 1932 come Accademia per registi e non per attori, è vero?

Assolutamente sì! Infatti i primi nomi che tira fuori sono quelli di Orazio Costa, appunto, Alessandro Brissoni, Ettore Giannini, Wanda Fabro, che si suiciderà pochi anni dopo. Insomma fino a quel momento la regia teatrale in Italia era stata di importazione: un nome per tutti, Pëtr Sharov! Con l'Accademia si hanno i primi registi veri, italiani, di origine controllata...!

Certo, made in Italy*! La conseguenza di questa intuizione di d'Amico si estese ovviamente anche agli attori. L'Accademia diventa poi anche scuola per attori e tu hai insegnato tanto, oltre che ai registi, anche agli attori.*

Sì, è vero.

Ecco, ti devo confessare, pur avendo io stesso diretto delle scuole teatrali per attori, che al momento nutro una qualche diffidenza sulla possibilità di continuare a tenerle aperte. Non tanto per l'aspetto relativo al talento dei giovani, quanto piuttosto rispetto alla eccessiva quantità di diplomati attori in un mercato che non li contiene più. Voglio dire che si rischia oggi di sfornare tanti disoccupati e questo mi fa stare anche un po' male.

Sì, è vero, oggi si corre il rischio che la fabbrica degli attori produca più di quanto ne richieda il mercato. Ma, purtroppo, devo dirti che questo è quasi inevitabile. Andiamo alla brutalità del discorso: l'Accademia Nazionale d'Arte Drammatica un tempo, dopo averti ammesso, ti dava la borsa di studio. Ovvero era la scuola che si curava del tuo mantenimento. Di conseguenza in virtù anche di ciò si determinava una selezione nella scelta e nella continuità di curare un allievo. Oggi invece avviene il contrario: è l'allievo che paga la scuola per entrare, specie in quelle private. Pertanto la selezione si è andata a fare friggere. Perché più allievi hai più tieni in piedi la scuola!

E difatti si crea una inflazione di attori che se da un lato offre probabilmente maggiore scelta nella formazione delle compagnie, tuttavia dall'altro produce una tale schiera di inoccupati che determina anche un abbassamento della qualità attoriale.

Vedrai Peppe, il teatro stesso e il suo meccanismo produttivo si incaricherà col tempo di avviare una nuova selezione recuperando qualità.

Capitolo secondo
Il birraio di Preston, 1999

Il birraio di Preston *a teatro ha avuto una vita lunga e felice per quello cui uno spettacolo di questi tempi possa aspirare. Debuttò nel 1999, a Catania, nel principale teatro della città, il Teatro Stabile di Catania, con un cast numerosissimo. Il metodo che con Andrea abbiamo usato sia nella composizione de* Il birraio *sia per le altre drammaturgie è stato pressappoco questo: io facevo l'ossatura della commedia, ne strutturavo le scene alla grossa e – essendone in primis anche regista – partivo da un'idea base che facesse da guida anche a tutto il lavoro sul testo. Poi andavo da Andrea e leggevamo insieme, e qui veniva il bello. Andrea sapeva subito smontare e rimontare quello che avevo fatto. Individuava subito le scene carenti e deboli e mi diceva di eli-*

minarle, o spostarle, o addirittura riscriverle. Così me ne tornavo al lavoro e preparavo un'altra stesura, questa volta più definita, con didascalie più chiare che mostrassero cosa sarebbe potuto accadere in scena sia in termini di spazio, sia di costumi e luci, sia per quanto riguardava la recitazione degli attori. Tornavo da Andrea e facevamo altri aggiustamenti. Per Il birraio *abbiamo stilato quattro stesure prima di licenziare quella che avrebbe debuttato nel 1999. Tuttavia, dopo la prova generale che Andrea vide alla Sala Verga di Catania, tagliai almeno tre quarti d'ora di spettacolo, visto che tutto durava oltre tre ore. Il risultato, possiamo dire, ebbe riscontro di pubblico e di critica.*

Così scrive un noto critico dell'epoca, Domenico Danzuso: «C'è da dire infatti che quei miracoli scenografici, nonostante il gusto e l'inventiva di Antonio Fiorentino, non avrebbero potuto avere attuazione senza tecnici da grande teatro. Così come quella illuminata e originale regia che non ha avuto mai cadute di tono, non avrebbe potuto prendere corpo senza una partecipazione entusiasta ed entusiasmante degli interpreti. Di Miko Magistro in primo luogo, storico e deus ex machina dell'intera rappresentazione, in corsa fin dalle prime battute per giungere coerentemente al finale; e poi di Armando Bandini, sottile e furbo boss punito da una mafia più forte della sua; di Giulio Brogi, il delegato Puglisi, forse unico personaggio quasi positivo nel testo di Camilleri; di Mariella Lo Giudice, la vedova ipocrita dal sesso arrabbiato; di Tuccio Musumeci, efficacemente comico nel disegnare – lui esplicitamente siculo – il presuntuoso e sciocco prefetto fiorentino; di Marcello Perracchio, invasivo e invadente nei vari ruoli ricoperti; e ancora di Gianni Alderuccio, Virginia Bianco, Filippo Brazza, Carmela Buffa Calleo, Valeria Contadino, Francesco Di Vincenzo, Rocco Di Vincenzo, Turi Giordano, Orazio Mannino, Leonardo Marino, Camillo

Mascolino, Margherita Mignemi, Franco Mirabella, Ignazio Pappalardo, Salvo Perdichizzi, Raniela Ragonese e Sergio Seminara».
Lo spettacolo, ripreso nel 2009, sempre dal Teatro Stabile di Catania, fece una lunga tournée che dal Piccolo Teatro di Milano nell'ottobre del 2009 approdò al Teatro Valle di Roma nell'aprile del 2010.

DIPASQUALE: *Tu hai detto una volta – affermazione che io ho preso come un tuo pudore – «io non amo scrivere storie originali...».*

CAMILLERI: ... per il teatro... sì, è vero!

Perché?

Perché mi sento incapace, lo dico sinceramente...

Tu capisci bene che questo risulta a tutti noi incredibile... Non ci possiamo credere!

Lo so, ma è vero. Non so perché, ma ho una sorta... ecco, hai detto bene... una sorta di pudore. Dopo averlo fatto per tanto tempo con le parole di altri, in teatro, non mi sento di farlo con parole mie. Faccio nei romanzi dialoghi quanto più possibile teatrali, ma la forma in sé «teatro», nella sua divisione in atti, scene ecc., mi terrorizza, mi paralizza. Tutta la mia vita è stata stravolta dall'unico lavoro teatrale originale che ho scritto. Perché io nel '47 scrissi un atto unico che si chiamava *Giudizio a mezzanotte*, e lo mandai al premio Faber a Firenze che era importante perché presidente della giuria era Silvio d'Amico, c'era anche Guido Salvini e un giovanissimo Luigi Squarzina. Mi diedero il primo premio ex aequo, e io andai a Firenze a ritirarlo. Quando tornai in Sicilia, in treno rilessi la commedia premiata e dissi: «ma che è 'sta schifezza!?». E la buttai dal finestrino, veramente! Era una commedia con un'atmosfera sartriana, tipo *A porte chiuse*, puzzava di modernismo, insomma non mi piaceva più. Però cambiò la mia vita perché l'anno dopo d'Amico mi scrisse proponendomi di sostenere l'esame in Accademia. Io, che avrei fatto carte false pur di non diventare professore di lettere in Sicilia, agguantai questa zattera di salvataggio che cambiò, appunto, la mia vita.

La nostra prima riduzione sui tuoi romanzi è stata quella sul Birraio di Preston…

Infatti non era un'opera originale per il teatro…

Quando mi chiamasti, era il 1998, mi dicesti che il Teatro Stabile di Catania ti aveva chiesto la riduzione del romanzo…

Sì, fu il nostro comune amico Antonio Di Grado…

Ricordo perfettamente.

Prima di accettare l'ipotesi di una riduzione per il teatro avevo resistito un bel po'. Non capivo come fosse possibile (e ragionavo, è ovvio, da autore) trovare un contenitore spaziale, una griglia che supportasse, senza tradirlo, il racconto. Ricorderai che il colloquio avuto con te su questo argomento ci fece trovare la soluzione: una struttura drammaturgica che salvaguardasse la scomposizione temporale del romanzo, ma condotta in modo da localizzare scenicamente il tutto in un luogo che fosse ad un tempo un teatro (quello, per esempio, dove poteva essere avvenuto l'incendio) e il luogo dell'azione del racconto.

Fu un grande lavoro quello del Birraio, *per intensità e anche per durata...*

Io venni due volte alle prove, e vidi lo spettacolo in prova generale.

Il colloquio che segue è tratto dallo scambio di intenti e di lavoro che io e Andrea compimmo nella preparazione del testo per il teatro. Come succederà anche per le opere successive io illustravo ad Andrea la mia idea di regia e da lì partivamo per comporre ed assestare una drammaturgia plausibile.

Il mondo di Camilleri e la sua poetica dello stupore – 1998

Come ormai sembra essere chiaro nel tuo stile, il racconto parte da un fatto che vuole essere di per sé stupefacente, affabulatorio, misterioso e incantatore. Proprio come il c'era una volta dei bambini. E di un bambino si tratta nel Birraio*: l'occhio innocente di un bimbo, per purezza nei confronti del mondo, per non contaminazione, per il suo essere «fanciullino», è il motore dell'azione. Ad esso è destinata, in apertura del romanzo, la scoperta dell'unica grande tragedia che* *incombe su Vigàta (le altre saranno come delle ipotragedie in questa contenute e da questa conseguenti).*

Dunque vuoi partire dall'occhio del «decino» Gerd...?

Sì, è l'occhio che dà origine all'azione e che coincide, lo sapremo solo alla fine, con l'occhio della memoria dell'autore che narra i fatti accaduti... o ricordati.

Quello che mi è sempre interessato, in questi romanzi storici, è stato quello di tentare di individuare tutti gli errori commessi dalla politica nell'Italia post-unitaria, e i guai, dato il diverso trattamento che ha subito il Sud, che ne sono derivati per la vita dei cittadini.

Allora, facciamo finta che il «decino» Gerd sia l'autore, cioè tu, come l'autore è – secondo me – un bambino nel suo narrare. Mi chiederò più avanti quanti autori esistono nel Birraio, *o quante emanazioni di esso e, naturalmente, come metterli in scena. Questo spiega, a mio avviso, in parte il carattere affabulatorio e il gusto del meraviglioso e del paradosso con il quale è tenuta la narrazione di tutto il romanzo. Tu ricordi e racconti dei fatti storici, o, come hai appena detto, gli errori storici commessi, ma questi fatti sono appunto recuperati nella memoria di fanciullo e con quello stupore li racconti. Lo «stupore» è proprio uno degli elementi che bisognerà tenere da conto per sviluppare il racconto che in scena ne faranno gli attori.*

Mi piace l'idea di uno «stupore», di una continua sorpresa come se gli accadimenti fossero lì per la prima volta.

Al bimbo Gerd lascerei nello spettacolo l'annuncio al mondo dei grandi *(il padre*

Fridolin Hoffer) della tragedia che incombe su di loro, non su di lui! È interessante osservare come Gerd/Camilleri narra, seppure sotto la mai sfilacciata ironia, il mondo degli adulti: minaccioso, di stazza enorme, violento, severo; verso il quale tuttavia ha rispetto, attraverso il quale egli vede e conosce l'universo (dalla finestra piccola il tramonto, da quella grande l'alba: così gli ha detto il padre!). Sa anche reinventarlo quel mondo appreso dai grandi: dalla finestra piccola può capitare, incredibile a dirsi, di scorgere, nel pieno della notte, l'alba, e sfidare il sonno del padre pur di testimoniare questa esaltante nuova verità.

L'infanzia è un mondo puro che proviamo a recuperare per tutta la vita, forse senza mai riuscirci. Un bambino quando guarda noi adulti a volte lo fa con ammirazione, ma spesso è come se vedesse il suo mondo, fatto di castelli di carta, fatto di fate e di eroi che volteggiano con le spade nell'aria, rovinato, deturpato e abbandonato. È come se si rendesse conto che noi grandi abbiamo abbandonato quella casa felice che ci rendeva sicuri e protetti, e in cui il gioco era l'unica forma di sopravvivenza.

Proprio questo mi induce a parlare di poetica dello stupore *nel* Birraio, *ma non solo per questo tuo romanzo. Io penso che ci sia un meccanismo elettivo e narrativo insieme che sta alla base dei tuoi racconti come dei tuoi personaggi. Se ad esempio prendiamo quelli del secondo capitolo del* Birraio, *li troviamo già pronti drammaturgicamente per la scena. Sembra quasi che si svolgano nel ricordo di quei vecchi di paese con il gusto un po' vizioso di fare discussioni importanti e vitali sulla bazzecola della giornata. Con gli occhi di poi si ricorda il modo in cui quelle discussioni venivano sviluppate e condotte, ma senza fare a meno di confessarsi che l'oggetto della questione era, il più delle volte, futile. Ed ecco allora l'esasperazione dei caratteri, quel realismo fantastico che rende veri i personaggi solo quanto lo possono essere nella memoria di un vecchio bambino. Il tono è sempre quello stupito:* come s'incazzava bene il cavaliere Mistretta, e che minchione era Giosuè Zito, e quel Bonmartino! *Ma l'opera era la loro vita o no? Bellini o Mozart o Ricci erano davvero una questione esistenziale? Forse solo nella misura in cui occupavano il tempo del loro stare insieme e discutere e vivere nel circolo. È questo aspetto che gli attori dovranno cogliere in misura maggiore che altrove. Essi dovranno come credere, anche troppo, in ciò che faranno: quanto più seri saranno, tanto più il comico verrà fuori, non voluto, non cercato, soprattutto non ammiccato.*

Tu parli di comico, e fai bene. Ricordati che il comico ha diverse sfaccettature.

Pirandello ha incatenato il comico, che chiamava appropriatamente *Umorismo*, ad un'equazione tra il tragico e in certo modo il farsesco. Ricorda la vecchina imbellettata. Insomma, devi costantemente avere presente che il comico è sempre una questione serissima!

Difatti. Prendiamo i personaggi di Gaspàno e Concetta: sono uno spasso. E sì che la loro azione è tragica. Ma la chiave narrativa e stilistica è di certo il «riso», non quello alla Bergson, per intenderci, ma quello naturalmente pirandelliano, ed oltre quello pirandelliano, su percorsi non esplorati, mai tentati di narrazione divertita e divertente, comica e tuttavia pregna di profonda serietà. Io trovo nella tua scrittura che il filtro della ragione non sia applicato a posteriori ad una realtà inaspettata, ma assimilato e sublimato ancor prima dei fatti. È come se tu non avessi bisogno di dimostrare, ma, e non sem-

bri un'ovvietà, di raccontare, e allo stesso tempo di sapere, secondo il senso di realtà, come si sono svolti i fatti.

Vedi Peppe mio, io amo scrivere non pensando a chi leggerà dopo i miei racconti, le mie storie. Non scrivo per un lettore in particolare. Potrei dire che scrivo per me. E questa è la condizione necessaria per lasciarmi sorprendere dalle storie e dai personaggi che vi abitano. Posso dire che faccio un po' come vogliono loro, mi lascio condurre per come loro vogliono procedere. Certo dentro di me so che strada prendere se mi portassero su sentieri accidentati, ma li lascio fare; semmai, se serve, se scantonano diciamo, li recupero e li riporto nella direzione che avevamo intrapreso.

Ecco cos'è lo stupore che intendo. Lo stesso meccanismo di racconto tutto nuovo che sembra venir fuori dalle pagine e dal tuo modo di narrare le cose. In una frase potrei definirlo come il tentativo di rendere sempre nuova ogni cosa nuovamente riproposta. Ma in realtà è tutto un giuoco della fantasia, *sviluppato per gradi, per assonanze, per sottigliezze ed ironie, al fine di rendere unici e irripetibili il materiale e gli elementi, sebbene non ancora nuovi, della fiaba. Come ogni bimbo che reitera i balocchi del giuoco in una sublime coazione a ripetere, per sorprendersi nell'incanto di credere quel giuoco sempre nuovo, e poi tornare a nasconderli per poterli far apparire nuovamente, così mi sembra il tuo modo di narrare e l'affabulazione che riesci a fare con le parole. Il mondo dei giuochi ha solo trasformato la materia – dai balocchi alle parole – ma sempre dello stesso giuoco si tratta. E il primo a dovertene stupire immagino sia te stesso.*

Vai avanti...

Tra il primo e il secondo capitolo, per esempio, c'è un legame sintattico *alquanto interessante e intrigante al proposito. Perché dal ricordo dell'incendio si passa al tempo in cui questa storia doveva aver avuto principio. Dirò poi del meccanismo letterario e espressivo del salto di tempo che sarà anche quello dello spettacolo. Qui mi preme sottolineare quello che riguarda il processo di* memoria della narrazione. *Nei ricordi di solito avviene così: si coglie il centro dell'episodio o dell'emozione che torna alla mente, ma subito, senza un preciso nesso logico, si balza avanti o indietro rispetto al tempo pensato, a ciò che ha scatenato quello che si ricorda. Questo romanzo è, nella sua struttura narrante, come il ricomporre una tela, simile al* puzzle *creativo che fai comporre a Montalbano e François ne* Il ladro di merendine. *È come il recupero di una memoria intorno alle ragioni della fanciullezza perduta, bruciata nell'incoscienza delle azioni umane.*

Tutto si assomma per frammenti, si organizza parzialmente in un vasto disordine di memoria e fantasia. Tutto viene ripescato. Tu negli incipit non citi Proust, ma quante assonanze in questo senso vi sono.

Sarà perché considero Proust *tanticchia* complicato per i miei gusti. Ma se tu ce lo hai trovato non voglio deluderti smentendoti.

Dunque il mondo che incontriamo è come se fosse popolato di ricordi. Sono ricordi di fatti veri, vissuti direttamente o indirettamente. Filtrati, nell'assimilarli, attraverso una estrema sensibilità interpretativa, e restituiti alla coscienza mediante la nave della fantasia. Ma questo è il giuoco dello stupore: ricostruire, senza un voluto ordine preciso, la mappa di una memoria fatta di volti, di suoni, di sguardi, di odori, di sottintesi e di tanto altro di umano. Ricostruirla stu-

pendosi di trovarla come nuova, lì, come per la prima volta: e invece vi risiedeva da anni! Stupendo noi perché ogni passaggio sembra mai narrato fino ad allora. In quest'ottica stupisce tutto di quel mondo. Non ordinato, non razionale, ma disorganico e felicemente funzionante. I luoghi, i tempi dell'azione sono stravolti nelle loro regole. I personaggi non descritti, ma fatti parlare. Raramente si trova la descrizione di un personaggio se non per esaltarne un elemento utile al suo carattere (Don Memè). Molto spesso i personaggi sono come caratteri, ove l'aspetto più importante è la loro tipizzazione più che la loro descrizione. E questo, non c'è bisogno che me lo confermi, deriva al Camilleri scrittore dal Camilleri teatrante. Tuttavia proprio per questo, per il fatto che i personaggi sono come pronti per la scena, bisognerà, nella prospettiva di questa messinscena, stare attenti a non calcarvi sopra una mano più pesante.

Questa la trovo una felice intuizione.

La complessità del romanzo sta solo nella sua struttura. Nell'uso del tempo della narrazione. Questa complessità è la sua forza. Ed è il primo nodo che dobbiamo sciogliere per portare a teatro un'opera narrativa come Il birraio.

Il *busillis* è tutto qui. Non riesco a capire come questa che tu chiami complessità possa trovare una sua *ragione di spazio*, senza però tradire il romanzo. Perché trovata questa, hai in mano anche la chiave per adattarvi le parole dei personaggi. E lo spazio è compito tuo, tu fai la regia, non io.

Io credo che per mettere in scena Il birraio *si deve tentare l'impossibile, ovvero* restituire integralmente, o quasi, l'idea e la struttura che sostiene la sua narrazione. *Le leggi della scena non si sottomettono, lo sappiamo bene, solo per convenienza ai liberi percorsi della scrittura letteraria. Ne pretendono coerenza e credibilità. La prima legge del palcoscenico è appunto lo spazio, dove l'azione scenica è credibile solo se inserita in uno spazio che la contiene coerentemente.*

Capitolo terzo
Possiamo chiederci cos'è la regia teatrale?

Con Andrea, negli anni dell'Accademia, non abbiamo mai intrapreso alcuna discussione teorica sulla regia teatrale. Ci siamo limitati a dare per scontata una visione comune che non abbisognava di fondamento teorico. Lui stesso, in Accademia, rifuggiva da ogni categorizzazione e preferiva condurci alla regia teatrale per altri meccanismi, più pratici e efficaci. In queste conversazioni invece sentimmo la necessità di specificare alcuni nodi anche di natura teorica che riguardavano la regia teatrale. Punti di una costellazione molto chiara per noi, che ponevano in evidenza una cosa: non si ha teoria teatrale senza una prassi consolidata, e tuttavia la stessa teoria, per essere tale, deve essere espressa per fatti, per accadimenti, per esempi. Questo è il modulo che ci ha spinti ad occuparcene e questo ne è il breve resoconto.

DIPASQUALE: *Andrea, il teatro può, secondo te, determinare nel pubblico un'azione conseguente? Per dirla molto banalmente: le rivoluzioni sono possibili attraverso il teatro, non dal palcoscenico ma dal pubblico; il teatro può spingere alla rivoluzione secondo te?*

CAMILLERI: Sì! Ne abbiamo avuto un esempio con Beaumarchais. Dimmi tu se c'è un momento più alto in cui il testo, l'opera teatrale, sia maggiormente coerente e precisa col suo tempo. Immagazzina le istanze sociali e politiche del momento, le mette in palcoscenico e le fa arrivare attraverso il sentimento. È più che contemporaneo, è addirittura in anticipo sui tempi. E allora aggiunge una forza maggiore rivoluzionaria: ciò che compare in scena non è una rappresentazione storica della realtà, ma una rappresentazione contemporanea.

È vero. E questo mi fa pensare al teatro contemporaneo di oggi che in un certo senso tenta qualcosa di simile: carne nuda, copulazione in palcoscenico. Personalmente diffido da questo realismo eccessivo. A me sembra come se mancasse il filtro, mancasse il sogno...

Ecco, su questo sono contrario. Sono contrario a un tipo di teatro che racconti il vero. Il teatro racconta il verosimile, non il vero. Prendiamo André Antoine. Lo stesso Antoine – il padre del realismo a teatro – nelle sue memorie ricorda un fatto sul quale lui avrebbe dovuto riflettere molto. Mise in scena un atto unico...

«Les bouches...».

... esatto!... nel quale i personaggi si affrontano ferocemente: uno uccide l'altro, gli strappa il cuore e lo mostra sulla punta del coltello al pubblico. Qual è il cuore di un animale più simile a quello dell'uomo? Pare che fosse quello di un agnello, o qualcosa del genere. Lui scese nella solita macelleria – che con lui doveva guadagnare i milioni di allora – e comprò un cuore di agnello. Lo mise sulla punta del coltello e durante la rappresentazione lo mostrò al pubblico. Sicché mostrò un cuore autentico, vero. La gente, il pubblico sbigottito disse: che è questo?

Addirittura il pubblico si mise a ridere...

Infatti! Allora lui, il giorno dopo, lo sostituì con un cuore tipo «Giuseppe ama Giovanna», quello finto, diciamo, tanto che il pubblico a quella vista inorridì. «Oh mio Dio», disse «gli ha strappato il cuore!».

Verissimo!

Allora, Peppe mio, è inutile mostrare una copulazione autentica in scena. Bergman ci ha insegnato – sia pure attraverso il cinema – che cos'è l'allusione, che cos'è il verosimile, qual è il segno che ha più forza. Perché, bene o male, nel fondo del suo cuore anche lo spettatore più preso dallo spettacolo sa pur sempre di essere di fronte a uno spettacolo.

Sono d'accordo con te. Ricordo uno spettacolo di Pina Bausch, che era una grandissima interprete di teatro danza. A un anno e mezzo di distanza dalla caduta del muro di Berlino fece iniziare il suo spettacolo Palermo Palermo *con un muro di cemento che crollava inesorabilmente sul palcoscenico e, su quelle macerie, raccontava la poesia del mondo. Usò un fatto vero – il muro di Berlino – ma lo usò in una maniera del tutto metaforica. Oggi la critica teatrale – quand'anche ancora esista una critica teatrale – si lascia impressionare e affascinare molto dal teatro fatto sul realismo assoluto e considera un po' passatista il teatro del sogno. Sarà il momento, o il giudizio di un'epoca, o forse la lettura del momento. È anche vero che il teatro vive fortemente l'epoca in cui viene guardato. E non è detto, come diceva Jan Kott, che sia necessariamente sempre «nostro contemporaneo». Shakespeare continua ad esserlo, come Pirandello. Quel Pirandello che non fu compreso nel suo momento storico. Ricordi la prima dei* Sei personaggi, *quando Pirandello di fronte al Teatro Valle passeggiava cercando di dissuadere le persone ad entrare perché era convinto, come poi fu al Valle, che sarebbe stato proprio un insuccesso? Ecco, io credo che ci sia un tempo per il teatro: un tempo perché quel tipo di teatro passi la ribalta.*

Che il pubblico contestasse *Sei personaggi* era più che giustificato, perché il pubblico bene o male intuì che lì stava avvenendo un omicidio. Cioè che si uccideva il teatro come fino allora era stato fatto e la concezione stessa del teatro che fino al 1921 si aveva. Il pubblico inconsciamente quando cominciò a gridare «manicomio... manicomio» si rifiutava di accettare una rivoluzione che non nasceva dal pubblico questa volta, ma dal palcoscenico.

Quando tu facevi lezione di Regia in Accademia, non ci hai mai imposto un metodo in particolare, anche se poi lo davi per scontato che noi dovessimo conoscere tutte le metodologie, come i testi che trattavamo. Però non ci hai mai posti di fronte ad una pedante consapevolezza della regia. Tu dicevi sempre che la regia – per paradosso – non la si può insegnare, ma si possono consegnare degli strumenti, delle linee, sulle quali appunto potere costruire la propria visione. Ma la cosa che maggiormente ricordo delle tue lezioni era quando ci dicevi che la regia in teatro è racconto e storia narrata, per essere dei bravi registi bisogna sapere raccontare una storia.

È il modo di raccontare bene ad altre persone ciò che attraverso la tua lettura hai appreso da una storia. Quindi devi raccontare la storia e anche la tua personale idea sulla storia, affinché questo «raccontare» in qualche modo diventi l'elemento principale della regia. Che cosa racconti? Racconti il fatto che leggi ma anche contemporaneamente la tua visione del fatto e quindi la costruisci mentre la racconti...

... come un Traumbild, *un costruttore di sogni!*

Esatto.

In ogni tua lezione ci raccontavi almeno un sogno...

Perché il sogno è importante. Vi facevo fare quello scherzo di raccontare il sogno come se l'avesse fatto colui che lo sta raccontando dopo averlo sentito da un altro... Tutte le varianti erano incredibili e rivelatrici. C'era chi raccontava il sogno senza i colori che l'altro aveva raccontato o che lo vedeva da una prospettiva diversa volendo adeguarsi perfettamente al sogno di origine e non ci si riusciva mai. Tutti aggiungevano una qualche differenza via

via che il sogno veniva ripetuto. Che è quello che avviene esattamente in teatro: lì avveniva inconsciamente, nel teatro avviene ragionandoci sopra.

Io mi sono sempre chiesto: il pubblico cosa prende di tutta questa materia evanescente, questa materia così effimera che noi mettiamo lì sul palcoscenico, con molta fatica, con il lavoro di tante persone? Una sera, poi, consegniamo questa specie di batuffolo, i sogni, al pubblico e non ne sappiamo più nulla, cioè non sappiamo cosa loro ne faranno...

Non lo sapremo mai, come nel racconto del sogno altrui, perché ognuno ha preso una certa parte di tutto questo gomitolo. Questo filo di racconto che è lo spettacolo ha più capi, e ognuno ne prende un capo. L'essenziale però è offrire questi capi. Cioè non lasciare inerte lo spettatore. Se tu hai dato 100 e lo spettatore ha preso 50 va benissimo. È essenziale che lo spettacolo, e il tuo racconto registico che lo sostiene, abbia, come dire, incrociato anche soltanto alcune aspettative dello spettatore. L'importante non è la totalità del risultato, ma se una parte del risultato raggiunga lo spettatore...

Capitolo quarto
Uno scherzo da Shakespeare: *Troppu trafficu ppi nenti*, 2000

Troppu trafficu ppi nenti *è lo spettacolo che ha avuto più vita nella mia storia teatrale. Debutta nel settembre dell'anno 2000 a Catania, nell'ambito dell'Estate Catanese, e prosegue per ben diciassette anni. Ha girato l'Italia in palcoscenici prestigiosi come il Globe Theatre Silvano Toti di Roma diretto da Gigi Proietti, che lo ha ospitato per ben tre anni, in Polonia, a Danzica, al Festival Shakespirovski, in Romania a Sfântu Gheorghe. Uno spettacolo davvero fortunato. In questa conversazione raccontiamo il modo in cui nacque e come ci lavoravamo. Era una splendida serata del giugno del 1999. Io ed Andrea passeggiavamo per via dei Coronari a Roma. Lo avevo accompagnato ad una*

conferenza incentrata sulla sua opera, e mi aveva chiesto dopo di fare due passi prima di rientrare a casa. Come sempre si parlava di tutto: le impressioni della serata, dell'ultimo film che entrambi aveva impressionato, quel Matrix *uscito appena due mesi prima, della scomparsa di Kubrick avvenuta in curiosa coincidenza con quel film così visionario e via discorrendo.*
Le nostre conversazioni, ed era questo il bello, viaggiavano, come direbbero oggi i giovani, in modalità random. Non avevano una scaletta prestabilita e spesso neppure una consequenzialità.
Ad un certo punto ci capitò di parlare di una piccola notizia che avevo letto su un quotidiano locale siciliano. Sapevo che ad Andrea queste cose, spesso se curiose e bizzarre, piacevano. La notizia riguardava un tale professore Martino Iuvara, messinese...

CAMILLERI: Che dice questo Iuvara?

DIPASQUALE: *Dice che Shakespeare non era Shakespeare…*

Ci risiamo! Una generazione sì e una no fanno diventare Shakespeare una volta Marlowe un'altra volta Bacone e a volte anche Fletcher, insomma non se ne può più.

Hai ragione, ma stavolta la notizia è proprio divertente…

Sentiamo.

Iuvara sostiene, corredando tutto con documentazione «inoppugnabile», che William Shakespeare non fosse il Bardo Inglese che tutti abbiamo conosciuto come tale, ma in realtà un certo Michel Angelo Florio Crollalanza, quacchero palermitano, scappato dalla Sicilia per debiti di gioco e rifugiatosi a Stratford-on-Avon da parenti.

Essendo autore di testi teatrali ambientati in Italia, li traduce in inglese realizzando di fatto i capolavori della storia del teatro mondiale.

Non mi dire…

Ma attento, qui viene il bello. Iuvara sostiene che tale Michele Agnolo (o Michelangelo) Florio (Scrollalanza o Crollalanza dal lato materno), nato probabilmente nel 1564, di origine quacchera, nelle sue commedie ambientate in Italia dimostrava di ben conoscere il nostro paese, così come la lingua e il teatro italiano, nonché di avere una buona dimestichezza con la scena italiana. Alcune sue opere rinvenute sembrano essere la versione originaria di altre ben note opere attribuite a Shakespeare, come Troppu trafficu ppi nenti, *scritta in messinese, l'archetipo pare del* Much ado about nothing *shake-*

speariano, commedia apparsa cinquant'anni dopo.

Non servirebbe a dissuaderlo sapere che la vicenda è narrata da Matteo Bandello nella sua XXII novella, dove un Lionato de' Lionati appare in analoga posizione accanto a un Don Piero d'Aragona, come i personaggi di Ariodante e Ginevra di Ariosto, che sono poi le vere fonti di quel *Much ado about nothing* shakespeariano? Pensa che al tempo del fascismo molte commedie si svolgevano, che so, in Ungheria, dove gli adultéri erano all'ordine del giorno. In Italia, invece, il regime pretendeva dai suoi cittadini assoluta e ferma fedeltà coniugale. Ora, metti che nell'anno Tremila ci sia uno studioso che studia la drammaturgia del Fascismo: secondo la teoria di Iuvara dovrebbe dedurne che gli autori non erano italiani, ma ungheresi che avevano tradotto il loro cognome!

E se davvero facessimo diventare Shakespeare siciliano?!

In che senso?

Facciamo uno scherzo?

Che scherzo?

Costruiamo una nostra traduzione in siciliano del Much ado about nothing, *e diciamo di avere «trovato» il testo in qualche cassa sepolta di biblioteca antica, e lo attribuiamo a questo quacchero palermitano...*

Il Crollalanza?

Sì. Il testo «trovato» lo intitoliamo appunto Troppu trafficu ppi nenti. *Testo attribuito a Messer Michele Angelo Florio Crollalanza, archetipo, pare, dell'illustre testo* Molto rumore per nulla, *dietro la cui figura si cela William Shakespeare…*

Andrea attacca a ridere che non la finisce più. «Sei un vero pirata!» mi dice tra le lacrime di risata sincera.

… Però non può essere un siciliano moderno né, per intenderci, martogliano. Deve essere un siciliano colto e popolare insieme, che ormai non si parla più.

Hai ragione. Ma dove la impariamo una lingua così, all'istante!?

Non la impariamo. La ricostruiamo come in laboratorio. Prendi tutti i vocabolari del Quattrocento e del Cinquecento e li usi per fare la traduzione dal testo inglese.

Un lavoro immane, ma geniale.

Perfetto, mettiti allora al lavoro.

E mi misi al lavoro. Tutto era nato dalla volontà goliardica di fare uno scherzo, un gioco di una notte di inizio estate, avere ritrovato nelle polverose casse di una biblioteca questo testo, traduzione, rifacimento originale o archetipo che fosse, che il signor Crollalanza ci aveva lasciato. Tuttavia bisognava affrontare una storia fatta di personaggi dalla lingua arabeggiante, castigliana e siculiota insieme, che ci restituisse la parlata di quei personaggi nati vivi nella fantasia di un poeta, quello vero, William Shakespeare di Stratford-on-Avon. Bisognava farli parlare, amarsi e fingere. Ovvero non poteva subire da parte nostra che un mero intervento di trascrizione e traduzione affinché le parole del Bardo di Canicattì fossero credibili come archetipo.
Durante le prime verifiche alle bozze delle prime stesure del testo ci imbattemmo in problemi di ordine lessicale.

Ecco Andrea, questa la prima stesura. Vorrei sottoporti un dubbio sulla scelta di una traduzione giusta per questa battuta di Don Pietro: I shall see thee, ere I die, look pale with love.

Non fare il saputello, dimmela in italiano...

«Prima di morire, ti vedrò pallido d'amore».

È la battuta che Don Pietro dice a Benedetto canzonandolo per Beatrice.

Esatto. Ora nella nostra traduzione abbiamo messo «Prima di murìri, vi vedrò giarnu *d'amuri».*

Certo, giusto, «giarnu» traduce benissimo «pallido» o l'inglese «pale...».

È vero, ma che ne diresti se traducessimo «allazzaratu» anziché «giarnu»?

Come ti è nata questa idea?

I dizionari siciliani portano «allazzarari» in quanto «cagionar piaghe o ferite» che si traveste nel lessema «lazzu» (dal francese «lacet» e dal latino «laqueus»), che significa «laccio», «lacciuolo per catturare uccelli», dunque «allacciare», «legare», e in senso lato «irretire»...

Un giro molto largo, ma interessante. Ma chiediamoci cosa vuole dire Don Pietro a Benedetto per prenderlo in giro. Benedetto è uomo di spirito, spavaldo e forse anche un *tombeur de femmes*. Lontano dalle svenevolezze dell'amore, tanto da sostenere con Beatrice, donna con seri attributi e di spirito anche più pronto rispetto a Benedetto, una guerra di lingua. Nel senso che il loro amore è fondato sul fascino dell'intelligenza rispetto a quello della passione, che Shakespeare lascia alla coppia di Claudio ed Ero, giusto?

Esatto, è proprio così.

Bene, allora Don Pietro sta usando l'immagine più efficace per colpire, sia pure con facezia e con un motto di spirito, Benedetto, che poi sono le stesse armi che Benedetto usa con gli altri, vedi caso con Claudio poco prima. Dirgli che diventerà «giarnu d'amuri», significa che lo sta paragonando ad un damerino che si scioglie ai primi languori dell'infatuamento. Per Benedetto, sia pure sotto forma di scherzo, è una stilettata che va dritta al segno.

Hai ragione, «giarnu» è più corretto...

Eh no, non ho per niente ragione. Voglio dire, potrei averla se noi stessimo facendo un lavoro di pura traduzione per la lettura, ma noi stiamo scrivendo un testo che gratta la lingua di Shakespeare per trovare quella del presunto Crollalanza, diciamo che stiamo cercando la lingua di un tale che dovrebbe chiamarsi *Crollaspeare*, e per di più una lingua di scena che degli attori oggi devono recitare, è corretto?

Certamente! In fondo non stiamo facendo altro che riportare la vicenda nella sua parlata originale, o quella che per gioco presumiamo tale. Questa è una storia ambientata a Messina. I suoi protagonisti quindi parlano siciliano. Ma Shakespeare, noi lo sappiamo bene, non conosceva il nostro dialetto, così la scrisse nella sua lingua, l'inglese, mentre Crollalanza conosceva, secondo il nostro giuoco, molto bene il siciliano. Un bel paradosso.

Allora, Peppe mio, in questo caso non ho ragione io, ma tu. «Allazzarari» è perfetto, perché ha un significato che rientra benissimo nel senso provocatorio di Don Pietro.

Le pene d'amore portano piaghe e ferite, che sono la causa del languore e dell'impallidimento conseguente d'amore. Ma in più hai ragione perché è una parola che un attore, rispetto a «giarnu», dice meglio, con più forza, dandole anche un'assonanza con «carzaratu», carcerato. E dimmi tu se l'amore non è a suo modo un carcere, anche se magnifico?! Usiamo «allazzaratu»!

A mio parere gli restituisce anche il sapore popolare, che è quello che dobbiamo tenere nella linea del nostro siciliano da laboratorio. Non bisogna dimenticare che Shakespeare scriveva per un pubblico semplice, dai gusti «forti». Nel diario di bordo di una nave inglese diretta nel '600 nelle Americhe, si scrive che i marinai nel tempo libero si divertivano a provare l'Amleto. *Segno che quei testi reggevano a qualsiasi livello. Quindi anche il nostro Shakespeare siciliano, il nostro Crollaspeare, deve avere lo stesso orizzonte.*

Già! Come sarebbe bello potere credere che Shakespeare fosse siciliano!

Appendice
La tempesta, 2006

Qualche anno dopo, su invito di Gigi Proietti, amato da entrambi, che aveva già ospitato con grande successo Troppu trafficu ppi nenti, *mettemmo mano, come suol dirsi, ad un'altra impresa shakespeariana. Questa volta senza nessun intento di burla e infingimento autoriale, ma semplicemente come una traduzione dell'opera intervenendo su alcuni personaggi – Gonzalo, Stefàno, Trinculo – con un registro dichiaratamente popolare e lasciando gli altri in italiano.*
Ho sempre creduto che Shakespeare abbia una linea comune con Andrea Camilleri, grande narratore dei nostri tempi: entrambi hanno un gran senso del teatro immaginato come rito popolare, fuori dagli schemi accademici ed intellettualistici. Ciò non vuol dire

che si tratti di un teatro basso, al contrario, la forza dei due autori è senza dubbio nel linguaggio diretto ed immediato. Nella rivisitazione della commedia non perdiamo mai di vista l'aspetto lirico, ma ci è sembrato interessante offrire al pubblico una lettura indirizzata verso una chiave più ironica e divertente. La nostra è stata una operazione per così dire sperimentale che ha generato una inversione dei segni, ridisegnando in maniera briosa i profili dei dodici personaggi in scena e giocando sull'aspetto dell'immaginazione fuori dai confini e dagli spazi. Insomma il testo sottolinea altresì un percorso spirituale dell'anima, un'opera che vuol riferire e trasmettere un messaggio dai contorni ben delineati.
Di seguito stralci di una corrispondenza che è poi diventata anche nota allo spettacolo.

Caro Peppe,
bisogna intendere *La tempesta* come un viaggio nel sogno e nell'illusione, dove

piacere e dolore, sesso e morte, tragedia e comicità giocano, sul filo della commedia, tutta la loro carica eversiva. È una sorta di canto nostalgico, di una lontananza incolmabile tra l'essere e l'apparire che si traveste di personaggi portati quasi al limite del ridicolo pur di scoprire, o far scoprire, come tenue sia il filo che ci lega al mondo delle cose. Se dovessi pensare ad un genere di musica, *La tempesta*, direi, è come un tango, con quel senso del viaggio che è presente nella malinconia di ogni nota dei compositori di tango, ma ancora di più quel senso di un canto disperato d'esorcismo della morte che si consuma nelle figurazioni di una danza altamente emotiva.

TUO ANDREA

Caro Andrea
La tempesta agli occhi di un regista contemporaneo consente una molteplice diver-

sità di interpretazioni. Essa è la mancata tragedia della usurpazione: Antonio ha usurpato il potere di Prospero; Sebastiano vorrebbe usurpare quello di Alonso; Calibano vorrebbe usurpare quello di Prospero sull'isola. In fondo anche Prospero ha usurpato un potere: quello di Sicorace. C'è un topos dell'azione che si ripete di frequente e attorno a cui ruota il racconto: la possibile rivolta dei più deboli contro i più forti. Il principio è quello di uomini che possono o credono di potere governare la realtà solo attraverso la utopistica presa di un potere: il controllo sugli altri che disabiliti per sé la necessità dell'ineludibile confronto con la diversità.

TUO GIUSEPPE

Peppe mio,
ma essa è anche la commedia dell'utopia d'amore: Ferdinando è destinato ad amare Miranda e viceversa. Non c'è contraddi-

zione nel loro amore, non elemento di diversità che ai nostri orecchi contemporanei pone tutto su un piano di utopia e di irrealtà: ci fa pensare a quando i due si sveglieranno e si guarderanno in faccia chiedendosi chi è l'altro!

TUO ANDREA

Caro Andrea,
solo che qui, ne *La tempesta*, è più forte il travestimento, il giuoco della commedia che rende paradossale ogni semplice possibilità di cedere alla verità delle cose e dei sentimenti. Tutto inizia nel momento in cui Prospero decide che tutto debba finire. Tutto ha corso e sviluppo sul filo di un racconto scenico stabilito di volta in volta da un Prospero regista che ne determina gli accadimenti, i bisogni e i sogni dei personaggi che egli può, con la sua *magia*, manipolare.

TUO GIUSEPPE

Caro Peppe,
con un termine tedesco si indica bene la funzione che Prospero ha nella commedia shakespeariana: *Traumbild*, ovvero costruttore di sogni. *La tempesta* è, per mano di Prospero, per volontà di Shakespeare, per occorrenza del regista, la costruzione di un grande divertito e melanconico sogno che risponde in fondo ad una sola assoluta verità: il senso relativo della vita è pari, con sublime paradosso, al senso relativo della morte.

TUO ANDREA

Capitolo quinto
Due scritture, due grandi attori: *La cattura*, 2001; *La signora Leuca*, 2003

La cattura, *tratta dall'omonima novella di Luigi Pirandello, fu scritta per gli ottanta anni di Turi Ferro, grande attore scomparso proprio durante le recite dello spettacolo tratto da quel testo che aveva debuttato il 9 gennaio 2001 al Teatro Verga di Catania con la produzione dello stesso Teatro Stabile di Catania. Mia la regia con le scene di Antonio Fiorentino, i costumi di Elena Mannini, le musiche di Massimiliano Pace. Oltre a Turi Ferro, in scena Ida Carrara nei panni della moglie, Gian Paolo Podighe nel ruolo del Becchino, Daniele Gonciaruk e Pietro Montandon, i nipoti della moglie, e poi Sergio Vespertino, Rosario Minardi e Franz Cantalupo (i rapitori, Manuzza, Fillicò e il muto) e il piccolo*

Valerio Mascolino nei panni di Calicchio, il figlio di Fillicò. Altri interpreti: Orazio Mannino, Loredana Marino, Giovanni Anzalone ed un coro che rappresenta la voce, i commenti del paese, formato da Marta Limoli, Raniela Ragonese, Sara Emmolo, Sergio Seminara, Vittorio Di Paola, Giovanni Ciranna. A prendere il posto di Turi Ferro, per il prosieguo della tournée quando Turi si iniziò a sentire male, fu Giulio Brogi, altro grande ed indimenticato amico e attore.
Così, in una critica sul quotidiano «la Repubblica», scrive Franco Quadri: «La teatralizzazione dell'asciutto racconto è assai efficace e trova fluidità nella regia di Giuseppe Dipasquale, anche grazie alla felice soluzione scenica di Antonio Fiorentino per cui il simbolico antro coi cambi di luce si idealizza dando trasparenza ai contorni rupestri, mentre in una sua striscia alta si stampano le sequenze ironicamente

truci dell'altra realtà, dove Ida Carrara si toglie con classe la maschera di moglie sottomessa, accanto al superbo Becchino di Gian Paolo Poddighe. Ma a catturare era la grandezza di Turi Ferro, tutto istinto e verità, quasi al limite di un'improvvisazione che una pausa converte in illuminazione metaforica, vero maestro, celebrato prima da una mostra fotografica e dopo da un trionfo con festa sul palcoscenico animata dal presidente del teatro Pippo Baudo con emozionate parole del protagonista, torta con candeline, champagne di 43 anni e molte lacrime».

DIPASQUALE: *A proposito di Pirandello partiamo da qui: noi abbiamo scritto insieme diverse drammaturgie dai tuoi romanzi e da qualche romanzo o racconto non tuo: ad esempio* La cattura *e* Pena di vivere così. *Due novelle diverse che hanno prodotto due diverse drammaturgie...*

CAMILLERI: ... Per due diversi e altrettanto grandi attori che erano anche coppia nella vita: Turi Ferro e Ida Carrara.

Sì, possiamo dire che furono due testi per commissione. Il primo per Turi, nell'anno del suo ottantesimo compleanno, che fu anche il suo ultimo spettacolo. Morì quasi in scena, come Molière, durante la tournée dello spettacolo prodotto dal Teatro Stabile di Catania.

A Turi mi legano tanti ricordi. Era il 1968, e io stavo facendo una regia al Teatro Biondo di Palermo, quando lui e Mario Giusti vennero a propormi di fare *Il giorno della civetta*, che poi non potei fare. Ricordo la prima volta che venni allo stabile, fu una cosa felice. Io avevo chiamato, fuori da Catania, in un'altra produzione, Turi Ferro a fare il protagonista di un testo di Giuseppe Berto, *L'uomo e la sua morte*, per interpretare il protagonista, il bandito Salvatore Giuliano. Il testo aveva vinto il premio indetto dalla Pro Civitate Cristiana di Assisi. Io l'avevo messo in scena proprio ad Assisi. Allora Turi, finite le repliche, mi disse: «Ma perché non lo facciamo a Catania questo testo», e così andai. Turi Ferro era un siciliano. Un uomo estremamente generoso. Dovevo realizzare proprio a Catania delle commedie per la radio, e gli interpreti erano tutti attori dello Stabile della città. Da un anno e mezzo non stavo bene. Proprio un giorno prima di partire mi diagnosticarono un male irreversibile alla gola. Naturalmente lo dissi a mia moglie, che mi rispose: «Tu, a Catania, non vai». Replicai: «Io a Catania vado, altrimenti divento pazzo. Vado a lavorare». Arrivai di domenica. In albergo trovai un bigliettino di Turi: «A qualsiasi ora arrivi, chiamami. Sei ospite a cena a casa mia». Lo chiamai e venne a prendermi. Aveva una guida a dir poco perigliosa... Sapevo bene dove abitava, e vidi che non eravamo lungo la strada per casa sua. Domandai. Mi rispose: «*Cangiai* casa». Arrivammo in un'enorme villa e ci aprì un signore che non conoscevo. E Turi: «Professore, eccolo, l'ho portato». Era un medico specialista. Turi aveva saputo da mia moglie e con l'inganno aveva organizzato quella visita privata alle dieci di sera. Non avevo nulla di quello che si sospettava, per fortuna. Ma sarò grato a Turi per tutta la vita per quello che ha fatto, soprattutto per il modo in cui lo ha fatto.

Hai citato Mario Giusti. Non posso non chiederti anche un ricordo di lui.

Un ricordo di Mario Giusti è poco per poterlo raccontare. Mario, ed insieme a lui Turi Ferro, erano, in quei momenti storici, il Teatro Stabile di Catania. Dopo *L'uomo e la sua morte*, Mario Giusti mi chiamò a fare altre regie. Mario era un uomo spiritoso, e sapeva essere amico senza mai bisogno di chiederglielo. C'è un episodio, che le cronache non riportano, che è singolare. Proprio in quegli anni Mario mi venne a trovare a Roma per chiedermi di fare la regia de *Il giorno della civetta*, di Leonardo Sciascia. Mi dice: «È un progetto grosso a cui teniamo molto, vorremmo affidare la riduzione a Giancarlo Sbragia». Per carità, dico, mi inviti a nozze. Mi metto in contatto con Sbragia, per lavorare alla riduzione, si stabilisce la data del debutto e così tutto sembrava a posto. Prima di iniziare le prove de *Il giorno della civetta*, io ero impegnato con una regia a Palermo. Il testo era *La favola del figlio cambiato*, però le date non si accavallavano, perché dopo aver debuttato a Palermo avrei iniziato a Catania. Tant'è vero che addirittura durante le prove del Pirandello avevo avuto due giorni di pausa e con Mario decidemmo che sarei sceso a Catania per parlare con lo scenografo Contraffatto e stabilimmo anche di potere fare la prima prova con gli attori a tavolino, con i ruoli tutti distribuiti. E così fu. Se non che, la sera che dovevano arrivare le scene del Pirandello a Palermo – era la sera dell'ante prova generale – le scene non arrivano. A Palermo spariscono tutti, nessuno sapeva darmi spiegazioni. Passano i giorni e Mario preoccupato mi chiama da Catania per dirmi che le prove della *Civetta* devono iniziare. Insomma, disperato sono costretto a fermare le prove, ma non so cosa dire a Mario, perché nessuno dice a me niente. Per caso, allora, incontro Franco Mannino, il compositore, e gli racconto tutto. Franco, che era al Teatro Massimo, il lirico di Palermo, si mette a ridere e dice: «Ora te lo spiego io che cosa è successo: le tue scene le stavano facendo al Teatro Massimo. Ma le hanno dovute interrompere per lavorare a quelle dello spettacolo di Luchino Visconti che fra tre giorni debutta con un'opera scritta da me». «Oh mamma mia!», esclamo. Mi precipito al Teatro Massimo e mi rendo conto che Franco mi aveva detto il vero. Le mie scene me le avrebbero consegnate dopo una settimana. E con Catania, ora, come faccio? Nel frattempo mi vedo comparire davanti Mario, anche lui disperato, che mi dice: «Andrea, che vuoi fare? Ci hai ripensato? Non lo vuoi fare più lo spettacolo?». Allora gli racconto tutto. Mario, con la lucidità che gli era propria, pari alla sua enorme simpatia, mi dice: «Noi non possiamo spostare il debutto. La situazione si risolve così: tu telefoni ad un regista amico, che mantenga le scene che hai fatto fare, la distribuzione degli attori e ti sostituisca integralmente». L'unico regista disposto a farmi un simile favore era Mario Landi. Gli telefonai, Landi partì immediatamente per Catania e la regia la fece lui. Ed io mi presi il rimbrotto di Leonardo che mi disse: «Certo Berto lo hai fatto, Sciascia no!».

Tornando a La cattura, *scritta per Turi appunto, abbiamo costruito una drammaturgia con una struttura ferma, dove tesi, sviluppo e nodi drammatici incedevano parallelamente alla storia che i personaggi portavano in scena.*

È stata una gioia avere scritto per lui questa pièce pirandelliana. Ma è stata anche una nuova ennesima verifica sulla materia del mio conterraneo, che, quando ci si mette, sa rendere le cose difficili. Perché *La cattura*, novella della raccolta *La giara*, di teatrale avrebbe offerto poco, se non avesse previsto la presenza, come dire, contemporanea del suo interprete principale. Voglio dire che questa *Cattura* è, come sai bene, oltremodo pensata su Turi Ferro. Guarnotta stava a Turi Ferro, come forse Turi Ferro stava al teatro.

Io ho sempre considerato la vicenda di Guarnotta e del suo isolamento nella montagna dei suoi rapitori come la proiezione di Pirandello alle prese con i fantasmi della propria esistenza, immerso in un mondo rurale, primitivo, atavico, ignorante, che si contrappone a quello piccolo borghese di una città di provincia. C'è una curiosa battuta di Pirandello, pubblicata dall'Almanacco letterario Bompiani nel 1938, che ci fa sentire come un personaggio come Guarnotta bene si sposi con questa interpretazione: «sogno una rustica bicocca, in qualche luogo solitario, ove andarmi a seppellire in un tempo più o meno lontano; solo, con le unghie lunghe, sudicio e peloso. La mia più viva soddisfazione sarà lanciare da lassù un solennissimo sputo a tutta la civiltà».

Ma *La cattura* è anche, ovviamente, altro. La sua visione così disperata del senso dell'accadimento la rende una delle novelle più belle della raccolta pirandelliana. In questa novella c'è già un vago sapore di quello che, in altro modo e in altri termini, sarà l'atteggiamento di Pirandello nei confronti della morte, in opere come *All'uscita*, ma più ancora nel clima del «Mito» interrotto coi Giganti. Il senso sublime di un trapasso, vissuto per un fatto involontario in un purgatorio terreno, dove laicamente si consuma l'unica forma possibile di espiazione umana.

Ricorderai che inserimmo nella storia della cattura qualcosa che Pirandello stesso non aveva previsto nel racconto. Aggiungemmo un personaggio che anticipava il meccanismo assurdo del volere morto Antonio Guarnotta da parte dei nipoti. Si tratta, come ben ricorderai, del personaggio del «Becchino», il quale – nella nostra riscrittura – vendeva il cadavere di un altro uomo ai nipoti di modo che loro potessero testimoniare il fatto che Guarnotta non era sparito, ma era morto.

Ricordo perfettamente che tu lo aggiungesti. Io ti avevo consegnato una prima versione senza quel personaggio. Ma tu, per rendere il fatto più pirandelliano, così mi dicesti, hai inserito il Becchino…

Che memoria, Andrea. Mi pare che funzionò.

Altroché. Avere preso in prestito da Pirandello, dal *Fu Mattia Pascal*, il modulo del «cadavere sostitutivo» e inserirlo di peso in altro Pirandello da noi manipolato, anche se poteva sembrare un prestito non autorizzato, si è rivelato per la drammaturgia una vera chiave di volta. Ma vedi, Peppe, il teatro è questo: una continua contaminazione e rimescolamento di carte. Un puzzle continuo di storie che si rigenerano in altra vita a seconda che tu le metta dentro una linea drammaturgica o dentro un'altra.

Il ragionamento che facemmo allora fu pressappoco questo: la vicenda di Guarnotta, nella linea narrativa, ha una giustapposizione nella storia anche fin troppo lineare. Alla vicenda dello stanco e vecchio Guarnotta si contrapponeva quella dell'avidità e del disprezzo umano della moglie e dei nipoti.

È vero. In termini di azione abbiamo nella novella solo questo: rapimento, riscatto e la morte finale di Guarnotta.

Mancava appunto, in seno all'azione che sarebbe dovuta divenire teatrale, un elemento che facesse emergere la disumanità dei parenti di Guarnotta e la paradossale umanità dei suoi carcerieri, banditi per povertà e disperazione e non per malvagità.

Per questo il Becchino e il finto cadavere di Guarnotta, «comprato» dai nipoti perché si credesse che Guarnotta era davvero morto allo scopo di non pagare il riscatto, sono stati una vera chiave di volta. Questa libertà di scrittura teatrale ha fatto emergere molto di più da che parte stavano i buoni e da che parte i cattivi. Inoltre il Becchino che commerciava cadaveri rientrava nella più legittima delle scelte con illustri antenati: dall'*Amleto* di Shakespeare all'*Oliver Twist* di Dickens! Orazio Costa amava fare, anche con testi importanti come l'*Amleto*, delle letture cambiando il punto di vista del protagonista.

Ci diceva: provate ad iniziare l'*Amleto* come se il protagonista non fosse il principe di Danimarca, ma, che so, il suo caro amico Laerte. A suo modo era come riscrivere teatralmente e per la scena un testo già perfetto. Ma l'esperimento, ti assicuro, aveva una riuscita incredibile...

Speriamo che «zio Luigi» non se la sia presa per questa interpolazione nella vicenda della cattura. Ricordi quanto si arrabbiò quella volta che assistendo alla prova dei Sei personaggi *con la regia di George Pitoëff, al Théâtre des Champs-Élysées, vide scendere i Personaggi dal montacarichi in fondo al palcoscenico e non dalla sala, come lui aveva esplicitamente previsto nel copione?*

Giustifico quella arrabbiatura con Pitoëff, la capisco perfettamente. Il problema di Pirandello in quel momento era quello di stravolgere l'architettura teatrale. Cioè a dire, i Personaggi, ovvero il Padre e la sua famiglia, non possono entrare davanti al pubblico, perché diventa immediatamente il «teatro», che ancora deve farsi! Devono per forza entrare dalla porta da dove entra il pubblico, sì da costringere lo spettatore, che è seduto in una poltrona fissa con una prospettiva fissa, a girarsi completamente sulla poltrona e andare contro tutta la prospettiva per vedere entrare i Sei personaggi...

... e quindi a guardare verso la vita...

... Certo. Bravo!... Non verso la finzione scenica. Se tu me li fai entrare dal montacarichi sul palcoscenico non ha senso. Anche facendo la messa in scena più bella di questo mondo non hai capito il senso vero della reale intenzione di Pirandello. E lo stesso sarebbe se facessi entrare Madama Pace dalla sala da dove entrano i Personaggi. Madama Pace deve per forza essere, apparire, sul palcoscenico. Ecco perché se la prese Pirandello, perché Pitoëff aveva stravolto e confuso il linguaggio scenico su cui si fonda la dinamica dei *Sei personaggi in cerca d'autore*, la cui forma scenica è la stessa sostanza del dramma che si va a compiere. E Pitoëff non era certo il primo venuto, ma non comprese quel testo a fondo e nella sua essenza.

La signora Leuca *è una pièce tratta dalla novella* Pena di vivere così *di Luigi Pirandello.*
Lo spettacolo che ne deriva debutta a Catania nel 2003, al Teatro Regina Margherita di Racalmuto nel 2004.
Con Ida Carrara, Pietro Montandon, Ileana Rigano, Agostino Zumbo, Valeria Contadino, la mia regia, i costumi di Angela Gallaro, le musiche di Massimiliano Pace, le luci di Franco Buzzanca.

Nella seconda drammaturgia abbiamo costruito dalla novella Pena di vivere così *una sorta di monologo interiore della signora Leuca, così infatti intitolammo la pièce teatrale, dove gli altri personaggi venivano evocati.*

E questa fu quella scritta per Ida Carrara...

Esatto. La signora Leuca *nacque, come ricorderai, da una serie di particolarità insite nella novella che tu avevi già realizzato nel 1985 al Teatro delle Arti qui a Roma.*

Fu il mio primo spettacolo multimediale. Era stato realizzato con più linguaggi contemporanei, il teatro, la televisione e il cinema tutto in contemporanea. Una novità per l'epoca.

Come, per certi versi, la nostra Signora Leuca *è stata un'operazione teatrale del tutto nuova. Innanzitutto l'interprete di eccezionale levatura come Ida Carrara, che diede al lavoro una cifra e un'importanza di cui andammo fieri. Poi il lavoro drammaturgico fatto sulla novella che ci portò su un cammino più suggestivo: entrare nelle pieghe dell'anima di una donna abbandonata dal marito, che di questo ha fatto la sua pena e la sua disperazione, imponeva una forma teatrale del tutto nuova.*

Pirandello ha narrato per tutta la sua vita, prima con le novelle e poi con il teatro molto spesso ripreso dalle stesse novelle, la sofferenza umana. Ma bada, non una sofferenza sociale, storica o epocale, ma quella propriamente umana, fatta di gesti e silenzi, di pene e disillusioni, di lacrime interiori e paradossi del male di vivere. Quando non si è concentrato sul tema metateatrale, il suo soggetto è stato l'uomo e la sofferenza della sua anima.

Ed infatti fu questa la chiave che scelsi anche per lo spettacolo, affrontare una vicenda così dolente per il privato di una donna abbandonata da undici anni dal marito aveva necessità di una messinscena particolare. Avevo ricreato una situazione spazio-temporale molto rarefatta: il suono, sia musicale che degli interpreti come dei loro corpi nello spazio, sembrava fluttuare in una sorta di bolla di vetro. Lo straziante tema della pena di vivere della signora Leuca era il tema portante e ossessivo di un ricordo continuo della protagonista come in un eterno contrappasso. È lei, la signora Leuca, il perno e la sostanza della storia: le altre figure sono strumentali e nello spettacolo venivano evocate come in continui flashback che si proiettavano in una sorta di obliquo fondale della memoria.

Ricordi quali sono le frasi che aprono e chiudono la novella? «Silenzio di specchio» e «Pena di vivere così»! Infatti è sicuramente significativo che questa novella, tratta dalla raccolta *In silenzio*, inizi proprio con la reiterazione di questo sostantivo, il quale determina a livello della sfera acustica, ma soprattutto percettiva, il luogo, o meglio, l'atmosfera in cui si svolge questa vicenda. Il silenzio della signora Leuca è soprattutto interiore, è il silenzio che caratterizza tutta la sua esistenza (fino a che punto in questo caso si può parlare di vita?) e in cui è immersa tutta la casa, e non per nulla è utilizzata la metafora dello specchio che, per le sue proprietà, riflette il disperato urlo silenzioso che è destinato a restare soffocato in lei.

Ed è la stessa parola «vita», proferita in accezione diversa dall'avvocato Aricò e dalla signora Leuca, che viene intrisa di una profonda carica riflessiva; questo termine veniva pronunciato da Ida Carrara in maniera distaccata, quasi come se la protagonista dovesse uscire dall'involucro corporeo per poterla meglio osservare, da lontano, con occhio critico, per rendersi conto che questa altro non è che «una vergogna da non potersi nemmeno confessare», ed è a questo punto che nasce il dramma di Leuca, nel momento cioè in cui ella si rende conto di vivere una vita che non è la sua e passa dal semplice vivere al vedersi vivere.

Il silenzio... non si tratta di una semplice assenza di rumore... è qualcosa di più profondo che denota la condizione esistenziale di questa donna, il suo vuoto interiore, il silenzio della sua casa e della sua vita... è qualcosa che la rende distante dalla realtà. La signora Leuca, infatti, ha vissuto per anni in una campana di vetro, la sua casa, nido e prigione al tempo stesso, chiudendo ogni canale di comunicazione, costruendo una «barriera di pudore» che la separa dal mondo esterno.

La sua casa a volte appare ai lettori proprio come un personaggio reale della storia che risente dell'influsso dei pensieri di chi la abita e che si modifica in base e con essi. E così nello spettacolo, con l'aiuto di quel fondale obliquo, sembrava immersa in una realtà distante dalla verità che lei recitava dinnanzi a noi. Inizialmente l'abitazione della signora Leuca ostentava la sua pulizia e la sua armonia alla quale si sostituiva, in seguito ad un ritorno inatteso, lo scompiglio più totale. Ma quando la signora Leuca riusciva nel corso del recupero della memoria a mettere ordine nei suoi pensieri e a pianificare le sue azioni, controllando le sue emozioni in modo tale da raggiungere una soluzione ragionevole, ecco che anche la casa tornava in possesso del suo equilibrio, anche se si trattava di una stabilità differente (e momentanea) conferita dal suo «rinnovamento».

Eh già, perché le «Turpitudini» sono quelle che invece il signor Leuca racconta alla moglie pur di ricevere quell'atto caritatevole del perdono (o più semplicemente del denaro, che infatti viene descritto come «logoro» poiché il modo in cui lo ha ottenuto è stato meschino) non curandosi, ma anzi godendo, dell'ulteriore sofferenza. Abbiamo un altro esempio di questa potente immagine letteraria nel romanzo di Oscar Wilde *Il ritratto di Dorian Gray*, dove le brutture dell'animo si ripercuotono nel corpo. Il signor Leuca era stato presentato come imbruttito proprio dalla vita che insudicia, la vita che lui ha scelto di fare, e con questa scelta ha condannato per sempre la signora Leuca a restare in quel limbo che è la sua esistenza.

Insomma, per dire tutto questo e farlo dire ai personaggi abbiamo manipolato il testo scardinandolo dalla sua forma letteraria per riportarlo ad una dicibilità teatrale. Torno a chiederti: Pirandello ci avrebbe dato il permesso di fare tutto ciò?

Ti rispondo con un aneddoto divertente che riguarda *Il postino suona sempre due volte* di James M. Cain del 1934. Lo volevano realizzare negli USA, ma censura e produttori non trovarono accordo immediatamente. Allora ci tentarono prima i francesi, con *Le dernier tournant* di Pierre Chenal, poi ci si mise Luchino Visconti con *Ossessione*, infine nel '46 gli americani ne fecero un noir, di quelli meravigliosi che sembrano realizzati su carta patinata in bianco e nero, ma che poco aveva a che vedere con il romanzo. Lo dissero a Cain con orrore e scandalo, spiegandogli che avevano massacrato il romanzo, distrutto addirittura. Lui non si scompose, andò verso la sua libreria, tirò fuori il libro contenente il romanzo e disse stupito: «Vi sbagliate! Vedete, il romanzo è qui, intatto, nessuno ha potuto distruggerlo!».

Capitolo sesto
Il paradosso della carta:
La concessione del telefono, 2005

La concessione del telefono *debuttò l'8 novembre del 2005 alla Sala Verga del Teatro Stabile di Catania come novità assoluta (così come era stato per* Il birraio*) e con la mia regia. A firmare la scenografia fu Antonio Fiorentino, Angela Gallaro i costumi, Massimiliano Pace le musiche. Nei ruoli principali autentici beniamini del pubblico: Francesco Paolantoni, Tuccio Musumeci, Pippo Pattavina, Marcello Perracchio, insieme a Alessandra Costanzo, Pietro Montandon, Gian Paolo Poddighe, Angelo Tosto. Anche questo spettacolo ebbe una vita lunga e felice impegnandosi in una tournée di oltre due anni. Fu ripreso sempre a Catania nel 2013, con un debutto estivo nella Corte «Mariella Lo Giudice» al Palazzo della*

Cultura di Catania. Rispetto al Birraio, *questo testo ci diede più filo da torcere perché ne sfornammo ben nove versioni prima di licenziarlo per la scena.*

DIPASQUALE: La concessione del telefono *fu la nostra seconda avventura sulla linea delle trasposizioni dai tuoi romanzi al teatro. La ripenso come una prova difficilissima ma entusiasmante. Se ricordi facemmo nove stesure prima di licenziare quella che ci sembrava più giusta per iniziare le prove. E nel corso degli anni il testo è cambiato ulteriormente.*

CAMILLERI: Me lo ricordo bene: nell'edizione teatrale dovemmo scontrarci con il tentativo di trasformare le cose scritte in cose dette. Nel romanzo le avevo divise naturalmente in «cose scritte» e «cose dette». Sulla pagina cartacea mi sono potuto sbilanciare a dare il senso di tutto quello che è il formalismo burocratico di una situazione paradossale (l'imposizione dello Stato, per esempio). Nelle cose dette, invece, si può parlare con una maggiore licenza, e quindi il dialogo è più diretto, più spontaneo e più vero. A teatro, abbiamo cercato un modo per far coesistere questi due momenti, ma sapevamo bene che per adattare un romanzo alla scena teatrale, lo spostamento di piani è inevitabile, direi indispensabile. Credo che in questo tipo di operazioni si perda sempre qualcosa, ma che qualcosa d'altro comunque si guadagni. L'essenziale è non snaturare, ma lasciare intatto lo spirito del romanzo.

Devo confessarti che i tuoi romanzi sono particolari da portare a teatro: da una parte ti aiuta la parola dei personaggi, che si adatta bene ai copioni. Dall'altra il plot è molto aggrovigliato, e presenta diversi ostacoli nel-

l'adattamento. E poi qui c'era da risolvere in primis il tema della burocrazia. Non dovevamo correre il rischio, poiché era depositato molto nelle «cose scritte», né di ripeterlo pedissequamente né di saltarlo a piè pari non tentando di farne azione teatrale.

Come ho già scritto più volte l'idea del romanzo nasceva nel 1995, quando trovai un decreto ministeriale di fine Ottocento di una linea telefonica privata. Per avere la licenza occorreva adempiere a una tale quantità di assurdi obblighi burocratici, che mi è venuta subito la voglia di scrivere una storia. Il povero Filippo Genuardi resta stritolato dal meccanismo burocratico, dal quale cerca di uscire in qualche modo, coinvolgendo mafia, chiesa, autorità costituite.

Il rischio maggiore stava nella banalizzazione possibile nel passaggio dalla carta alla scena.

Ma la carta fu per me l'idea vincente sulla scena.

Certo Peppe, fare muovere tutti i personaggi su faldoni ottocenteschi di carta fu un'idea azzeccata. Da subito il pubblico, vedendo quella scena, si sentiva come Genuardi, vittima stritolata da una montagna di burocrazia...

Sentivo la necessità di rendere la burocrazia, la cui materia è solo e unicamente la carta, l'elemento fondante della messinscena. Pensai subito, e ne parlai allo scenografo Antonio Fiorentino, che la vicenda dei personaggi dovesse svolgersi in una Vigàta fatta di carta, ma non una Vigàta pittorica o figurativa, bensì uno spazio di carta dentro il quale i personaggi, vestiti anch'essi di carta, in quei costumi realizzati efficacemente da Angela Gallaro, vivessero come topi scampati all'ultimo giorno dell'umanità. Voglio dire che l'idea di base fu quella di ricostruire davvero una Vigàta di carta: la carta dei faldoni burocratici, delle lettere e di tutto lo sdovaco *cartaceo umbertino sulla Sicilia che chiede senza mai ottenere nulla che... un pezzo di carta. La metafora era che il Sud aveva avuto solo risposte cartacee a problemi eterni: alla mafia si risponde con una commissione parlamentare, alla siccità con un decreto non attuabile, e così via. La burocrazia dello Stato, umbertino o repubblicano, ha dato ai problemi del meridione più risposte di carta che risposte concrete.*

Nel romanzo nessuno ne esce bene, ma i personaggi di quella che può essere una commedia degli equivoci e degli imbrogli vanno portati anche al paradosso. Non è una questione di pessimismo nei confronti dell'uomo, anzi io ho fiducia nell'uomo, ne ho meno sulle sorti dell'Italia e degli italiani; l'evoluzione dell'uomo italico è molto più lenta di quella di altri primati. Soprattutto in Sicilia, le tradizioni, le remore e le forze frenanti sappiamo sfruttarle al meglio, mettiamo in atto con molta abilità tutto quello che rende più pesante la zavorra in modo da evitare il volo del pallone aerostatico.

Io credo che nel romanzo, come nella commedia che ne abbiamo ricavato, anche se secondo le categorie aristoteliche dovremmo parlare di una tragicommedia, ci sia un fatalismo atavico che solo noi siciliani sappiamo di avere. Penso che se Marx fosse vissuto in Sicilia, non avrebbe scritto neanche una parola del Manifesto. *I personaggi de* La concessione *sono il frutto evidente di questo fatalismo storico. Anche Genuardi, che sembrerebbe all'apparenza vittima di tutto questo, è alla fine un inetto colpevole. Il messaggio è che, se una svolta ci sarà in Sicilia, non partirà dall'interno. Prendiamo ad esem-*

pio i personaggi della commedia. Cosa ci indica la ridicola pretesa di un personaggio come Pippo Genuardi di farsi concedere una linea telefonica solo per potersi meglio organizzare con la sua amante, nel frastuono comico di prefetti e mafiosi che lo attanagliano in un ruolo che egli non può sostenere? È la metafora di un crudele gioco dell'inutilità umana e sociale dei vinti, o la pessimistica ipotesi di una stasi costante del processo storico di evoluzione della specie e dell'individuo?

Né l'uno, né l'altro. La sua matrice è anche quella dell'inetto: egli non agisce per fasi costruttive, ma per obiettivi da realizzare caparbiamente, senza che ciò abbia un senso agli occhi degli altri: l'unico senso di Pippo Genuardi è quello del suo profondo egoismo.
Egoista lo è fino all'eccesso, privo di un vero scrupolo di vita, e, cosa alquanto

singolare ed interessante, è un essere amorale! Senza una visione finalistica della vita, compone il suo particolare per appagare edonisticamente i propri sensi.
Egli in fondo recita se stesso, come personaggio, si gode a vedersi vivere senza che questo comporti in lui il benché minimo dubbio esistenziale.

Concordo pienamente. Genuardi ha una parentela letteraria più stretta con un libertino settecentesco, per quanto riguarda la morale, che con il Fifì pirandelliano. Egli proviene dai prototipi di uno zanni cinquecentesco, un arlecchino imborghesito, una maschera del teatro napoletano alla Scarpetta, più che dai risvolti articolati di uno Charlot di Charlie Chaplin. Eppure ha un po' degli uni e un po' dell'altro, poiché la sua vita scorre sul filo di un continuo equilibrismo tra tornaconto e obbedienza al potere, di cui riconosce solo la risonanza sociale che esso comporta. Segnale emblematico è quel suo iniziale rivolgersi ad un potere di ordine pubblico, quale il Prefetto Marascianno dovrebbe rappresentare, per chiedergli la concessione di una linea telefonica. Errore non solo di forma, ma sostanzialmente concezione qualunquista del potere. Il Prefetto o il Direttore delle Poste e Telegrafi, sono nel suo ordine cosmico essenzialmente uguali: come quando sentiamo dire a qualcuno che la colpa di tutto, anche del fatto che piove, è del governo!

Infatti tu sceglesti quasi tutti attori comici: Francesco Paolantoni, Tuccio Musumeci, Pippo Pattavina, il caro Marcello Perracchio e tanti altri…

Vedi Andrea, anche se l'espressione può sembrare pretenziosa, io sono davvero convinto che il Teatro è di per sé un genere eteroclito. *Esso può comprendere e assimilare in sé anche altri generi senza per questo snaturare la sua efficacia ed il suo valore. Quando poi, come in questo caso, si è di fronte ad una forma narrativa che invita il lettore a dar corpo ai personaggi, privilegiando il* parlato *e non la descrizione, ecco che il Teatro si trova ad agire su un campo molto familiare. Anche se a raccontare una tragedia, anzi soprattutto per questo, sono attori comici...*

Del rito teatrale mi ha sempre affascinato la prerogativa unica di quest'arte di saper mettere insieme culture, provenienze e sensibilità del tutto opposte, per cercare di comporre, in un'unica sera, la differente voglia di conoscenza, come voglia di maturazione e soprattutto come voglia di stare assieme. Perché gli eventi che coinvolgono una cittadinanza, una nazione, intere generazioni, si ritrovano nelle parole e nella storia raccontata da attori che prestano per una sera il proprio corpo a personaggi partoriti dalla mente di un autore.

La sala teatrale, quindi, diventa un luogo di vita pulsante, dove quella storia sempre identica a se stessa, diventa ogni sera, per magia e maestria degli interpreti, sempre nuova.

A proposito di Tuccio Musumeci e Pippo Pattavina, proprio per la Concessione, *ti voglio ricordare una manipolazione che tu mi hai consentito, e lo hai consentito anche agli attori: ovvero quella di Tuccio e Pippo sulla lettera che Don Lollò riceve dall'onorevole, che durava a volte un tempo non consentito in teatro perché frutto di pura improvvisazione alla maniera della Commedia dell'Arte.*

Io amo e detesto gli attori. Ma quando tu trovi di fronte a te due strepitosi attori i quali si permettono una variazione sul tema, sopravviene il mio amore per il jazz. Mi raccontarono i due attori che questa scena, che consisteva sostanzialmente in tre battute, ma quando la vidi io all'Eliseo a Roma durava sei minuti, poteva durare anche dodici...

Anche venti, ti assicuro...

... E che tu li avevi minacciati di morte se l'avessero fatta durare tanto...

Esatto.

Allora io dissi: «Torno giovedì, me la fate intera?». Tornai e me la fecero per la durata di venti minuti, appunto. Devo dire che raramente mi sono divertito così tanto! Vedi Peppe, ci sono degli autori, soprattutto quelli italiani, ed io ne ho messi in scena tanti alla radio, in teatro – che ti guardavano col muso storto se non facevi sentire la virgola... Per me quando c'è una trasposizione in teatro, in televisione, in cinema di un'opera che nasce come romanzo, le cose cambiano totalmente. Ma gli autori si rendono conto che avviene come un trasporto totale di un mondo verso un altro mondo? Cioè a dire, si rendono conto gli autori di opere letterarie che vengono adattate al teatro che si ragiona per immagini, che si ragiona attraverso esseri viventi non più percepiti per il tramite della scrittura? Che quindi un essere vivente reagisce in un certo modo, in una certa situazione, direi anche liberamente? E, quindi, se non si va fuori tema, fin quando si rimane dentro il tema, va bene concedere all'attore libertà…

… perché è una libertà creativa, è una libertà che aggiunge…

… certo! Perché sta a te regista controllare il dosaggio, controllare fino a che punto c'entra, fino a quando gli attori non dirazzano, fin quando stanno dentro il tema! Va benissimo, è un arricchimento. Specie quando ciò si sviluppa non in un momento tragico, ma in un momento che è francamente divertente…

… che porta gioia, appunto! La pensava così come te Edoardo Sanguineti, che era anche un tuo amico. Sanguineti, quando venne a vedere il mio Faust. Un travestimento *da lui riscritto sul testo di Goethe, mi disse le stesse cose. Io ero preoccupato, perché avendogli, nella messinscena, stravolto probabilmente l'idea che lui aveva sotteso nel testo, avevo timore, come mi è capitato con altri autori che volevano, appunto, anche il rispetto della virgola, che lui se la prendesse a male.*
Invece mi disse esattamente le stesse cose in una lunga passeggiata notturna a via del Corso a Roma, quando lo riaccompagnai in albergo. Mi disse: «Vede Dipasquale, la

mia libertà d'autore si è esaurita tutta nel testo, dopo ci siete voi, c'è il teatro! E se questa vostra libertà è una libertà che restituisce corpo alle mie parole scritte, non posso, da autore, che esserne solo contento».

Io mi trovai in radio a fare *Protocolli*, di Sanguineti. Devo dire che mi lasciò assolutamente libero di lavorare alla realizzazione radiofonica del testo. C'erano anche delle parti improvvisate, che lui accettò al punto di trascriverle e pubblicarle successivamente dichiarando di averle ricavate dalla mia versione radiofonica. Edoardo Sanguineti era un uomo intelligente, prima di tutto...

Appendice
Filippo Mancuso e Don Lollò, 2018
Il primo spin-off

Quando nel 2005 debuttammo con La concessione del telefono, *tratto dall'omonimo romanzo di Andrea Camilleri e ridotto per le scene da lui medesimo e dal sottoscritto per la produzione del Teatro Stabile di Catania, diretto allora da Orazio Torrisi, io ed Andrea facemmo una solenne promessa a Tuccio Musumeci e Pippo Pattavina. La promessa di una commedia nuova ed originale per questi due mostri sacri del palcoscenico italiano che tanto hanno regalato in comicità e maestria al pubblico di mezzo secolo. La promessa nasceva da un imprevedibile accadimento, come avviene spesso, ma non sempre, in teatro: una delle scene de* La concessione, *che era poi l'unica nella quale Pippo e Tuccio si incontravano come*

personaggi, aveva preso un risvolto ed una evoluzione tutti particolari, al limite, direi, della coerenza con la storia del testo.
Io stesso, da regista, avevo provocato tutto ciò chiedendo ai due attori di procedere – secondo la grande tradizione comica siciliana – anche per moduli di improvvisazione, che poi fissammo nel testo, sulla scena che recitavano come Filippo Mancuso e Don Lollò.
Il risultato, in sé, fu strabiliante, con una qualità e potenza comica che non aveva nulla da invidiare alla celebre coppia di Totò e Peppino. Ma, come accade a volte con le proprie creature che prendono un'autonomia quasi incontrollabile, anche quella scena si fece due gambe proprie, Tuccio e Pippo per l'appunto, che veleggiavano a volte facendoci dimenticare il tempo e dilatando quella scena fino a – in una replica la calcolai – venticinque minuti! Una meraviglia per il godimento del momento, ma uno sbilanciamento per lo spettacolo.

Allora, come un coach che non ha altra soluzione che scendere a patti con i propri atleti, mi presentai ai due con una proposta a scambio: se mi promettete, dissi, di riportare la scena entro una durata accettabile, io e Camilleri vi scriviamo una commedia ad hoc partendo dai personaggi di questa stessa scena. Ci abbiamo messo un po', ma la promessa è mantenuta, e per merito del Teatro della Città vede ora il suo debutto in prima assoluta.
Questa commedia, di situazione oserei definirla, opera su un meccanismo drammaturgico a carambola, ovvero una situazione ne provoca un'altra fino alla fine, quando le scene vanno tutte in buca.
La storia è semplice e parte dai due personaggi principali. Il Cavaliere Filippo Mancuso, ricco proprietario terriero, ha un chiodo fisso: deve fare assumere il figlio Alberto in un'importante banca della Sicilia, con lo scopo di mandarlo via da Vigàta e assicurargli

un futuro nuovo. Purtroppo c'è un inconveniente, Alberto è terribilmente stupido e senza una buona raccomandazione non potrà riuscire in nulla. Don Lollò, ovvero Calogero Longhitano, uomo di rispetto di Vigàta, è tormentato da un cruccio familiare: la figliuola Lillina, Calogera anch'ella, è in età da marito. Purtroppo Lillina, pur essendo una fanciulla molto intelligente e perspicace, si trova ad avere un difetto di movimento che la rende, come dire... sciancata.
Don Lollò potrebbe maritarla con qualcuno a forza, ma vuole molto bene alla figlia e vorrebbe per lei una vita felice. Sullo sfondo della vicenda scorre in parallelo la storia de La concessione del telefono *dove Mancuso e Don Lollò sono coinvolti.*
Da questo assunto di base nasce la commedia, tesa al comico, certo, ma anche al disegno di una umanità legata ai bisogni primari e costretta ad adattarsi ad ogni situazione. I bisogni creano bisogni e l'uomo non fa altro

che seguirli su un percorso accidentato non privo di imprevedibili sorprese.
Ma, al di là di questo, la commedia è soprattutto un omaggio che io ed Andrea abbiamo voluto fare nei confronti di splendidi colleghi quali sono Tuccio e Pippo. Sia Camilleri che io abbiamo avuto il piacere e il privilegio di dirigerli altre volte nelle distinte carriere di registi, sia Camilleri che io abbiamo avuto l'enorme apporto della loro vissuta umanità scenica in commedie scritte da noi, sia Camilleri che io abbiamo voluto con questo lavoro restituire il regalo che loro hanno fatto a noi in questi anni.
E in un'epoca di profonda disumanità ci piace pensare che non sia poco.

Capitolo settimo
Ma cos'è questa crisi... del teatro?

La «crisi del teatro» è stata negli anni una sorta di tormentone che con Andrea ci siamo portati appresso. Nessuno dei due ha mai creduto alla cosiddetta disfatta del teatro, perché nessuno dei due ha mai pensato che un'Arte viva come il teatro potesse esalare l'ultimo respiro. Ci ha fatto discutere molto, anche arrabbiare e soffrirne per le contraddizioni insite al suo processo storico inserite nella realtà sociale di cui eravamo e siamo parte, ma crederlo moribondo mai. Malato, questo sì, anche un po' di se stesso, abbiamo considerato il teatro; prossimo semmai a continue trasformazioni dettate dalla congenita malattia du vivre, ma sempre rispondente ai quesiti della storia dell'uomo. La parte interessante di questa conversazione è il fatto che Andrea, come era nella sua grande capacità affabulatoria senza mai annoiare, dimostra il suo punto di vista con esempi pescati dalla sua vita vissuta.

DIPASQUALE: *Caro Andrea, a quest'ora di notte, come si direbbe dalle nostre parti, una domanda dobbiamo porcela...*

CAMILLERI: ... quale... ?

Potrà sembrarti retorica, ma secondo me è doverosa: oggi, nel momento storico che viviamo, pur con la sensazione che da più parti si continui a professare la crisi del teatro come al suo punto più alto, non credi che invece il teatro goda di ottima salute?

Silvio d'Amico, in un suo testo intitolato appunto *La crisi del teatro*, elenca trentasei testi francesi, tra l'Ottocento e il primo Novecento, che riguardano questa benedetta crisi. Io sono convinto che sia andato smarrito un libro intitolato *La crisi del teatro* e firmato da un tale... Eschilo. Perché presumo che lo stato di crisi sia lo stato naturale del teatro. Per dimostrare questo c'è un perfetto sillogismo: da quando è nato, l'uomo è in crisi. Il Teatro rispecchia l'uomo. Pertanto il Teatro è in crisi. Anche perché lo stato precario determinato dalla crisi è lo stato migliore per il Teatro. Morirà in crisi, se mai il teatro dovesse morire, ma non credo che questo accada fino a che l'uomo sarà vivo...

... *Oppure si dissolverà nel piacere dell'autocompiacimento, come Faust, dicendo: «Oh come sto bene, oh come non sono più in crisi. Fermati attimo che sei bello tu!...».*

... Esatto, e in quel momento tirerà le cuoia! Tuttavia bisogna fare un corollario a queste mie affermazioni. Il pubblico una volta andava a teatro per divertirsi, oggi invece credo che il pubblico vada a teatro come per vedere un altro da sé!

Questa espressione che usi è molto bella per il pubblico. Finora l'avevo sentita per l'attore, ma mai per il pubblico.

Voglio dire che oggi il pubblico ha bisogno di riconoscersi, più che prima, in qualcosa, in qualcuno, che forse solo l'immaginazione creata dal teatro può dargli. Il Teatro da sempre ha migliorato l'uomo e ha migliorato l'umanità. E in questi nostri tempi così oscuri, io penso che andare a teatro per il pubblico voglia dire alimentare la sua speranza di migliorare.

Se dovessi trovare una metafora per definire il teatro, quale sceglieresti?

Una navicella spaziale! Io ho sempre considerato lo spettacolo teatrale come un viaggio spazio-temporale. Cioè a dire, lo spettatore entra, compra il biglietto, entra in sala, ci sono le luci accese, scambia saluti e sorrisi coi vicini, parlotta con il vicino di posto. Poi all'improvviso le luci si abbassano, a poco a poco il mormorio degli spettatori va scemando insieme alle luci, e quando queste si spengo arriva il silenzio assoluto. Ecco, in quell'attimo l'*astronave* Teatro ha decollato, ha fatto un viaggio di secoli. Infatti appena aperto il sipario torna la luce sul palcoscenico, non si è più, metti conto a Catania una sera di febbraio, ma in un villaggio nei dintorni di Mosca alla fine dell'Ottocento! Ecco, è stato un viaggio spazio-temporale dei viaggiatori/spettatori. E quando ne escono, se lo spettacolo è stato incisivo, denso ed è penetrato dentro di loro, il rientro è un po' più difficile con la realtà dei giorni nostri. Molta gente può anche avere paura di andare a teatro.

In fondo fare teatro, oggi, significa secondo me anche esprimere di sé quella voglia di conoscenza, quella voglia di maturazione e soprattutto quella voglia di stare assieme, che è la radice stessa del rito teatrale. Pensa a quando il Teatro era dibattuto anche all'esterno, dopo lo spettacolo, come argomento che agitava il confronto. Servizio che per un certo tempo ha espletato la critica. Non potrei giurare che ancora lo espleti.

Quando nel 1958 feci al Teatro dei Satiri di Roma un testo di Beckett, *Finale di partita*, era una prima assoluta in Italia, c'era molta attesa nei critici. C'è un episodio con uno dei due critici che se ne occuparono che mi piace ricordare. Nicola Chiaromonte, che scriveva sulle pagine de «Il Mondo», pubblicò tre colonne su *Finale di partita* in cui non citava per niente il mio spettacolo...

... e di che parlava allora?

... della trama, del tema, ma non citava minimamente lo spettacolo che aveva visto la sera prima. Io ci rimasi molto male.

Eh, direi!

... Aspetta! La settimana successiva pubblicò altre tre colonne e questa volta parlò della mia rappresentazione, dicendo, però, dopo una premessa di elogi sulla intelligenza e la buona confezione dello spettacolo, «dal quale dissento totalmente!». Continuò spiegando minutamente perché dissentiva.

Però! Quando si dice onestà intellettuale.

Io ho scritto nella mia carriera di regista solo due volte ai critici: una volta a Giorgio Prosperi, l'altra, appunto, a Nicola Chiaromonte per questa critica, per ringraziarlo dell'acutezza delle sue osservazioni.

Non avevo dubbi.

E quando lo feci per la televisione tenni conto moltissimo delle osservazioni che mi aveva posto Chiaromonte. Questo per dire che quando la critica era seria, serviva, nel vero senso della parola!

E a Prosperi, invece, che dicesti?

Prosperi aveva esordito, in una recensione su un altro spettacolo, più o meno in questo modo: «Camilleri, per la sua lunga dimestichezza con Pirandello, per il fatto che l'ha studiato molto, per il fatto che è suo conterraneo, è l'unico regista che può dare del "tu" a Pirandello!». Allora io gli scrissi: «Caro Prosperi, ti ringrazio per la fiducia che mi dai, ma se mi capitasse di incontrare, dovunque sia, Pirandello gli darei del Voscenza, che dalle parti nostre significa "Vostra Eccellenza"!».

Hai citato due critici italiani di calibro, che facevano davvero critica militante, come si diceva una volta.

Noi avevamo davvero timore delle critiche che potevano decretare il successo o l'insuccesso di uno spettacolo. Ora, purtroppo, è un mero resoconto della serata... Questo, se vogliamo, avviene anche in letteratura dove abbiamo i recensori e i critici. Ecco, una volta i critici erano davvero critici e basta.

Una volta le critiche uscivano la mattina dopo lo spettacolo, dico sul cartaceo. Oggi dobbiamo aspettare due giorni, quando va bene.

Era un obbligo per i giornali fare uscire la critica il giorno dopo. La prima regia che feci a Roma data 1953. Si trattava di un testo dal titolo *Abbiamo fatto un viaggio*, una novità italiana di uno scrittore allora molto apprezzato, Raoul Maria De Angelis, autore anche di un bel romanzo, *Oro verde*. La commedia in questione non era affatto male, e la feci con la compagnia fondata e diretta da un altro critico teatrale allora famoso, Giovanni Calendoli. Debuttammo al teatro che allora si chiamava Teatro Pirandello, oggi si chiama Teatro Tordinona. La sera della prima, quando cominciai a vedere entrare in sala i critici, Silvio d'Amico in testa, poi Ermanno Contini, Ferdinando Virdia, critici importanti di allora, non ressi alla tensione e, prima che si aprisse il sipario, me ne andai...

Te ne andasti? E dove?

Sì, uscii dal teatro e mi misi a camminare. Così sovrappensiero camminavo, fino a quando mi resi conto di averlo fatto per ore. Mi ritrovai sul lungotevere, in basso, dove davanti a me c'era un edificio con la scritta «Capitaneria di porto»! «A Roma?», mi dissi, «e dove sono arrivato?...».

... A Ostia?

No, no, ero proprio a Roma, vicino al Gasometro. Lì allora c'era proprio una piccola Capitaneria di porto e sul fiume delle chiatte. Il problema era che s'era fatta quasi l'alba e avevo perduto la fine dello spettacolo. Così mi sedetti a guardare il fiume fino al momento in cui riaprivano le edicole. Trovai difatti un'edicola aperta e comprai tutti i giornali. Mi sedetti su una panchina e cominciai a leggere le critiche.

Dunque la mattina dopo, a qualche ora di distanza, già erano stati in grado di scrivere e pubblicare la critica?

Esatto. Il fatto era che loro, i critici, qualche giorno prima dell'andata in scena richiedevano il copione, specie se si trattava di una novità come questa commedia di De Angelis, e lo leggevano. Scrivevano una buona parte dell'articolo sul testo, lasciando il restante spazio, quindici righe, dopo avere visto lo spettacolo, che dettavano al telefono alla redazione entro la mezzanotte. Quindi il giornale la mattina dopo riportava la recensione completa.

Altri tempi, non c'è che dire!

Ricordo allora che, avendo in quel periodo litigato con d'Amico, che scriveva su «Il Tempo», mi tenni per ultimo questo quotidiano perché non osavo leggere quella critica. Ero certo che mi avrebbe stroncato...

... invece...

... invece d'Amico scrisse esattamente queste parole: «Il giovane regista Camilleri, alla sua prima regia, paga alla grande il suo ingresso nel teatro italiano...».

... e meno male che ci avevi litigato...

... infatti, tu potevi litigare con d'Amico, ma di fronte allo spettacolo, da quel grande critico che era, ritornava ad essere oggettivo, perché l'onestà intellettuale prevaleva su tutto.

E oggi, malgrado non esista più la critica che, scrivendo appena il giorno dopo, poteva invogliare il pubblico ad andare a vedere questo o quello spettacolo, e non come adesso che scrive quando addirittura sono finite le repliche, le stime ci dicono che il pubblico a teatro aumenta, mentre è in calo quello del cinema e della televisione...

La televisione si è ridotta a quello che è, e certo non ne possiamo dire un gran bene. Ma il teatro, che viene definito da più parti come un servizio pubblico, lo è se lo si considera appunto una necessità primaria per l'uomo.

Dunque, come si diceva prima, il Teatro, pur perennemente in crisi, in fondo non lo è mai.

Certo c'è stato chi ha provato ad avanzare formule per uscire dalla crisi. Ricorderai Achille Campanile che dava dieci regole auree per risolvere la crisi del teatro, tra le quali quella di non fare pagare al pubblico il biglietto di ingresso, ma fargli pagare quello per uscire dal teatro! Oppure assegnare la stessa poltrona a due persone dicendo: «Vinca il migliore!».

Senti Andrea, mi viene di farti una domanda strana...

E falla!

È possibile che oggi, tra coloro che denigrano il teatro vedendolo come un'arte destinata a morire o addirittura morta, serpeggi la paura che in fondo il teatro è il luogo dove si sogna?

Il Teatro non è solo il luogo dove si sogna, il teatro è anche dove sei costretto a confrontarti con te stesso. È, per dirla fuori dai denti, una «brutta bestia». Insomma, il teatro è contagioso. Chi si occupa di un settore del teatro non può fare a meno di farsi contagiare da chi si occupa di un settore contiguo. Per esempio i vecchi macchinisti di teatro parlavano con battute delle opere teatrali. Il teatro entra dentro di te e ti mette in conflitto con te stesso. Chi recita è un uomo in carne e ossa, non un'ombra che parla dallo schermo. In alcuni momenti, da spettatore, devi fare uno sforzo per capire che stai assistendo al verosimile e non al vero. La gente ha veramente bisogno del teatro. Si dice: il teatro è un servizio pubblico. Lo è proprio perché è una necessità primaria dell'uomo. Si dice: il teatro è in crisi. Io ho novant'anni e da quando ho iniziato a fare teatro, cioè settant'anni fa, sento ripetere che il teatro è in crisi. Ebbene, credo fermamente che la condizione di crisi sia la condizione abituale del teatro. Questo direi ai giovani che vogliono intraprendere oggi questo mestiere.

Capitolo ottavo
Trilogia della metamorfosi: *Il casellante*, 2016

Il casellante *debuttò al Festival dei Due Mondi di Spoleto il 25 giugno 2016 in prima mondiale. Andrea vide lo spettacolo l'anno successivo al Teatro Sistina di Roma. Anche questo con la mia regia e le mie scene, interpreti Moni Ovadia, Valeria Contadino, Mario Incudine, Sergio Seminara, Giampaolo Romania, e i musicisti Antonio Vasta e Antonio Putzu; musiche originali di Mario Incudine con la collaborazione di Antonio Vasta, i costumi di Elisa Savi, le luci di Gianni Grasso.*
Come scrissi nelle note di presentazione il testo fu un tentativo, a quanto pare riuscito, di comporre una sorta di melopea mitologica moderna. Una vicenda affogata nel mondo mitologico di Camilleri, che vive di perso-

naggi reali, trasfigurati nella sua grande fantasia di narratore. Una vicenda emblematica che disegna i tratti di una Sicilia arcaica e moderna, comica e tragica, ferocemente logica e paradossale ad un tempo. Il casellante *è il racconto delle trasformazioni del dolore della maternità negata e della guerra, ma è anche il racconto in musica divertito e irridente del periodo fascista nella Sicilia degli anni Quaranta. Il carattere affascinante di questo progetto, basato essenzialmente sulla novità del testo e della sua possibile realizzazione, si sposò con la possibilità di ricercare strade sempre nuove e diverse per la drammaturgia contemporanea.*

DIPASQUALE: *Il teatro è naturalmente libertà creativa. Il rapporto con la letteratura permette una libertà assoluta, ma non è sempre stato così, almeno per quanto riguarda i tuoi racconti. Ad esempio* Il casellante, *nel lavoro che abbiamo fatto insieme sul testo, è rimasto integro nella sua solidità narrativa. Chi lo legge potrebbe ben dire che è stato «calato» nel teatro così come era scritto ed ha funzionato benissimo nella solidità drammaturgica. Cosa che non era avvenuto per* Il birraio *o per* La concessione *dove ci siamo concessi delle libertà rispetto a te autore.*

CAMILLERI: *Il casellante* fa parte di una trilogia che io ho chiamato «Trilogia delle Metamorfosi»: perché nel primo abbiamo la trasformazione della donna/sirena, nel secondo della donna/albero, nel terzo della donna/capra. Nel tentativo così di raccontare le metamorfosi. Dico in una nota che una volta le Metamorfosi riuscivano meglio e le sapevano raccontare meglio di me... comunque ognuno nel suo piccolo. Qui c'è un'altra cosa: mi sono abbandonato ad una sorta di, posso dire, tentativo di poesia in prosa. Anche la scrittura è diversa, pur mantenendo il suo rigoroso *vigatese*, più fantasiosa e più libera, più aperta, più ariosa, tira più alla fabula. Ora il punto sul lavoro drammaturgico fatto con *Il casellante* ha la sua chiave nella messinscena che tu ne hai fatto. Voglio dire che abbiamo, come tu dicevi, «calato» il testo nella sua integrità dentro la drammaturgia proprio per l'idea di messinscena che ne avevi tu.

Io avevo in mente una sorta di melologo, *ovvero una narrazione dove i personaggi giocassero su due piani: quello della vicenda vissuta e il loro straniamento che li narrava. Tutto questo sorretto dal canto. Il problema inizialmente era come rendere tutto ciò nello spazio del palcoscenico per ricreare lo spazio della vicenda.*

Se tu avessi ipotizzato una scenografia chiusa, se tu avessi usato lo spazio scenico come spazio chiuso avresti commesso un errore. Tu hai usato il palcoscenico come spazio aperto, quindi come spazio della fantasia assoluta dove il racconto trova la sua sede naturale. Pochissimi mezzi scenici e tutto il resto era affidato alla parola, anche «cantata», dell'attore. Pertanto hai compiuto quello che io narrativamente intendevo: una sorta di melopea lirica, una sorta di canto, una sorta di cunto. Nella tua messinscena hai praticamente centrato lo spirito motore col quale io ho scritto questo lavoro e questo credo che sia stato recepito dal pubblico di tutti i teatri in cui lo avete replicato.

Questa volta era veramente una prova al buio. Non sapevamo come il pubblico avrebbe recepito proprio questa trasposizione in melopea e soprattutto una drammaturgia più vicina alla parola scritta che a quella detta.

È stato forse il lavoro più compiuto dove, sulla tua idea di regia, abbiamo lasciato il testo molto aderente al racconto letterario.

Sì, perché ho voluto sperimentare una possibilità di trovare una sorta di drammaturgia scenica al di là delle parole trascritte sul copione. La prova del nove, diciamo così, è stata la scena della violenza su Minica, ad esempio, che teatralmente non puoi fare vedere così come è descritta…

No, non la puoi fare…

… e allora io per raccontarla ho usato esattamente le tue parole scritte così come le hai lasciate nel racconto edito, ma ho chiesto all'attrice di vivere quella scena con il dolore e il grido di quel momento, in modo che la gente immaginasse l'orrore di quella

violenza, non la verità vera descritta nelle parole...

Hai fatto il lavoro che facevano i tragediografi greci: raccontavano e non facevano vedere l'azione tragica, che era invece affidata alla parola. Se chi pronuncia la parola è bravo, ecco che il senso di quella parola arriva con una tale potenza evocativa da far rabbrividire assai più della visione realistica di un omicidio orrendo.

Ricreando così il vero paradosso del teatro: occultando la verità, la si può comunicare con più forza nella sua rappresentazione evocata e non svelata!

Ma certo. Perché se lasci al pubblico la libertà di costruire nella sua immaginazione la scena, suggerendogli solo quello che accade attraverso un legame che l'attore sa creare in quel momento, il risultato è davvero impressionante.

Anche nel creare il finale dello spettacolo, che era il finale sublime del racconto, ho avuto la stessa necessità di trasfigurare, di immaginare o fare immaginare la metamorfosi di Minica in albero. Però questa volta in chiave inversa. Perché Minica si trasforma, quando leggiamo il racconto, nella sua come nella nostra fantasia, ma non forse nella sua realtà. Allora dovevo scegliere la strada da suggerire al pubblico: diventa o no nella realtà scenica veramente albero?

E hai scelto di farci vedere Minica trasformata in albero.

Sì, è vero, una libertà che è andata oltre il tuo finale. Ma ho scelto il punto di vista del pubblico, diciamo che ho scelto il suo orizzonte di attesa: anche il pubblico, insieme con Minica, voleva fuggire in una catartica trasformazione per purificare quel male che aveva ricevuto dentro di sé.

Se non fosse arrivato il bambino...

E qui trovo geniale il tuo finale. Quando tutti stiamo per accomodarci tra le fronde dei rami di Minica, spunta fuori da una valigia caduta dal treno un bambino che ci riporta alla realtà, che ci riporta alla vita. Non c'è migliore catarsi di questa.

Perché anche se sogniamo di andare da qualche parte, dobbiamo sempre sapere che siamo in questa vita, ora.

Sai Andrea, io ritengo che alla base di una grande e vera ripresa del teatro ci sia l'esigenza di immaginare, di sognare. Cioè credo fortemente che il pubblico abbia bisogno di immaginare e di sognare a teatro.

Io dico questo: se il Teatro è di parola, e la parola nasce e viene usata per fare sognare, il pubblico sogna e tiene vivo il Teatro. Mi riferisco anche al fatto che per un certo periodo si è parlato di teatro gestuale.

Pina Bausch ci ha fatto sognare tanto!

L'ultimo spettacolo che ho visto e mi è piaciuto tanto è uno spettacolo fatto dalla «Raffaello Sanzio»: *La morte di Empedocle*. Un testo di una difficoltà infinita, a parte l'altissimo livello poetico della faccenda.

Un gruppo straordinario che ci ha regalato spettacoli memorabili.

Allora che ha fatto il regista di questo spettacolo? Ha diviso in due tempi concettuali la visione della morte di Empedocle. Nella prima parte gli attori recitano semplicemente a parole la vicenda della morte di Empedocle, con battute, movimenti, e a te sembra di essere di fronte ad una azione tradizionale, insomma una tragedia che avrà il suo andamento. Ma nel secondo tempo, invece, avviene qualche cosa di straordinario: il palcoscenico si riempie come di una neve che cade, ma ti accorgi dopo un po' che non è neve, sono fiocchi di lana, ed il suono che dagli altoparlanti comincia a diffondersi è un suono che ti atterrisce, mai sentito fino a quel momento. Questo terrore costante che ci tiene inchiodati alle sedie ammirando una dolce visione di pace (quei finti fiocchi di neve) e di terrore (quel suono unico) è la morte di Empedocle che arriva direttamente senza mediazioni di parola.

Hai detto che quel suono non l'avevi mai sentito fino a quel momento. Ma cos'era?

Non lo sapevo mentre lo udivo. Solo alla

fine ho chiesto alla compagnia che cosa fosse quel suono: era un disco della NASA che riproduceva ciò che viene trasformato in suono dalle onde di un buco nero in azione. Questa è una metafora geniale che ti fa sognare, cioè ti trasporta in un altro mondo, ovvero significa andare da vivi in un altro mondo.

Ma torniamo a noi, Andrea. Torniamo al rapporto tra la pagina letteraria e la sua drammaturgia teatrale. Indagare sul rapporto tra letteratura e teatro è una consuetudine che ormai vado praticando da diversi anni e che ha segnato la gran parte delle mie esperienze di regia.

Il rapporto tra letteratura e teatro lo hanno perseguito i più grandi autori teatrali che conosciamo. Che cosa hanno fatto William Shakespeare e Luigi Pirandello se non saccheggiare novelle altrui, parliamo di Shakespeare, o proprie, come Pirandello?

E tuttavia il rapporto tra romanzo popolare e drammaturgia pone sempre i primi problemi su come sia possibile ricreare a teatro la stessa efficacia espressiva e artistica di un'opera letteraria. Ne abbiamo parlato per Il birraio, *per* La concessione *e adesso per* Il casellante. *Innanzitutto, sei d'accordo che il tuo romanzo rientri nell'accezione di romanzo popolare?*

In un certo senso, assolutamente sì. Voglio dire se con popolare intendiamo di forte impatto e grande diffusione sul pubblico allora sì, malgrado non me lo sia cercato. Devi considerare che scrivo in una lingua che non era certamente il mezzo più facile per arrivare a tutti.

Umberto Eco sostiene che «il romanzo popolare... è sempre e anzitutto popolare perché demagogico». Problema non da poco per chi come me sostiene che il teatro deve mantenere la sua natura eversiva, sia pure nelle forme travestite del sogno e dell'illusione, ma pur sempre in grado di disattendere gli orizzonti della consuetudine nella stanca percezione del pubblico. E poi non credo che questa accezione possa essere applicata ai tuoi romanzi.

Ma Eco naturalmente si riferiva ad un certo tipo di romanzo popolare, come i romanzi d'appendice. Però voglio dirti questo: questa affermazione, per paradosso condivisibile, si pone a contrasto quando la materia verbale scritta che trasformiamo in parola teatrale detta riguarda il romanzo, che è l'oggetto della nostra discussione, e ci obbliga a considerare seriamente che una delle chiavi della nostra possibile interpretazione teatrale nella drammaturgia che ne viene fuori deve fare i conti con ciò che il pubblico si aspetta di vedere.

L'orizzonte di attesa dentro il quale collochiamo la vicenda del romanzo in teatro. Difatti la pagina letteraria del romanzo in teatro diviene per incanto una sorta di romance, *che più di altre forme di espressione del racconto si avvicina alla rappresentazione del sogno, intesa come soddisfazione dei desideri umani, e porta con sé la costruzione eroica o anti-eroica della società.*
Il punto fondamentale di un romance *è la trama: l'intreccio dell'azione agìta e perseguìta dai suoi personaggi.*

Bravo, il teatro infatti può e deve svolgere questo compito di recupero del *romance*, così come tu lo intendi, in chiave moderna, immettendo la trascrizione letteraria in un contesto concreto e vivo fatto di parola, immagine e azione, ma allo stesso tempo, rimandando nella consapevole attesa degli spettatori un nuovo racconto, nel quale i vecchi personaggi, prima solo narrati, sono stati ora anche visti, dunque raggiunti, quasi incontrati in una magica sovrapposizione tra sogno e realtà.

Capitolo nono
Una drammaturgia impossibile: *La creatura del desiderio*, 2018

La creatura del desiderio *debutta in prima assoluta a Catania al Must Musco Teatro il 24 e 25 novembre 2018 sempre con la mia regia. Interpreti: Valeria Contadino, David Coco, Leonardo Marino, Antonella Scornavacca, le scene e i costumi di Erminia Palmieri, le musiche di Matteo Musumeci, i movimenti scenici di Donatella Capraro. Ha girato per due stagioni prima di interrompersi a causa della chiusura dei teatri per effetto del Covid 19. Ultima piazza teatrale è stata la Sala Strehler del Teatro Biondo di Palermo nel novembre 2019.*

Nel 1912, un anno dopo la morte di Mahler, la sua giovane vedova, considerata la più bella ragazza di Vienna e allora poco più che trentenne, incontra il pittore Oskar

Kokoschka. Inizia una storia d'amore fatta di eros e sensualità, che sfocerà ben presto in una passione tanto sfrenata quanto tumultuosa. Viaggi, fughe, lettere, gelosie e possessività scandiscono i successivi due anni, durante i quali l'artista crea alcune fra le sue opere più importanti, su tutte La sposa del vento.

Ma la giovane donna è irrequieta e interrompe brutalmente la relazione. Kokoschka parte per la guerra con la morte nel cuore.

Al suo rientro in patria, traumatizzato dal conflitto e ancora ossessionato dall'amore perduto, decide di farsi confezionare una bambola al naturale con le fattezze dell'amata. Questa è la storia.

La creatura del desiderio *è una versione di questa storia in cui Andrea Camilleri, in modo del tutto originale – come sempre – e umanamente sensibile, racconta di Kokoschka e Alma Mahler, cioè delle sensibilità diverse, eppur concorrenti, che hanno tem-*

prato il Novecento europeo. Questo racconto rappresenta un'indagine sulla finzione umana nel campo sempre incerto dell'amore.
La nascita di questa drammaturgia è particolare. Andrea scrive un saggio romanzato della vicenda di Oskar Kokoschka e Alma Mahler, con documentazioni basate sulle lettere e altre fonti storiche. Ma, a differenza delle altre trasposizioni, questa non è un'opera letteraria di Camilleri. Infatti, quando glielo proposi mi diede del pazzo.

CAMILLERI: Peppe mio, ma è irrealizzabile! Io ho riscoperto una storia che è tutta nelle lettere, ma non hai molto materiale verbale da trattare se non lo inventi di sana pianta. E poi *La creatura del desiderio* è più un saggio che un racconto letterario.

DIPASQUALE: *Lo so, ma proprio per questo mi intriga il tentativo di una drammaturgia.*

Se quello che dovremo fare è costruire una drammaturgia più «pura», rispetto alle altre, facciamolo e sperimenteremo un nuovo percorso. Intanto ho pronta la «scaletta» e volevo discuterne con te.

Vedo che non perdi tempo.

Partiamo dal prologo. Ci vuole secondo me un prologo. A farlo sarà il maggiordomo, che chiameremo Hans, che avrà un ruolo anche nella vicenda del dramma.

Cosa vuoi scrivere nel prologo?

Ma non so, potrebbe spiegare la vicenda alla maniera di un prologo brechtiano e darne l'orizzonte morale.

L'idea di un prologo brechtiano potrebbe funzionare, ma allora lo devi fare in modo che tratti della parte dei simulacri che io metto all'inizio. Dovrebbe essere chiaro anche per lo spettatore che questa vicenda non è solo la vicenda di Oskar e Alma, ma ha anche una lunga tradizione che risale nientemeno che al mito greco, ad Euripide. Da Elena di Troia alla moglie di Gogol', appunto.

Mi sembra sensato, anche perché questo darebbe una cornice al dramma più straniata, meno legata alla vicenda borghese dei due protagonisti, ma più emblematica rispetto al tema del doppio da sé, della bambola.

Infatti io parlo dei simulacri non come bambole gonfiabili, per capirci, ma come proiezione carnale di un'idea ossessiva, che è poi quella che ha Oskar.

La prima scena si svolge a casa di Carl Moll, il pittore patrigno di Alma. Moll e le due figliastre e Kokoschka. Carl Moll, rimasto molto colpito da alcune opere di Kokoschka, lo invita a fargli un ritratto. Dopo cena, Alma canta e suona per lui la morte di Isotta. Kokoschka se ne innamora. Ma, attenzione, la scena è descritta secondo il punto di vista di Oskar, infatti mentre Alma suona, lui viene avanti in proscenio e ci racconta in una sorta di «siparietto brechtiano» come lui fece colpo su Alma!

Immagino che questo serva a preparare la scena al contrario, quando l'incontro verrà descritto da Alma.

Appunto, Andrea, che è quello che fai tu nei capitoli intitolandoli La passione secondo Oskar e secondo Alma*! Difatti la scena si ripete, credo anche con un po' di sgomento degli spettatori, uguale identica nei movimenti e nelle parole salvo nel punto in cui viene svelata la passione che dal punto di vista di Oskar, prima, partiva dalla volontà* *di Alma, adesso invece, secondo la descrizione di Alma, parte da Oskar. Oskar, infatti, non le dà il tempo di suonare e cantare ma la prende immediatamente tra le braccia e confessa ad Alma una passione infuocata che la travolge immediatamente.*

Può funzionare a condizione che le due scene siano davvero identiche tranne che per il risvolto finale. Il pubblico potrà essere spiazzato, all'inizio, ma dopo capirà perfettamente.

A questo punto, e siamo già alla terza scena del dramma, dobbiamo inserire un personaggio cardine della vicenda: Reserl.

La servetta innamorata di Oskar?

Sì, è un personaggio importante nella vicenda, specie nella seconda parte quando Alma non ci sarà più. La dobbiamo presentare nella terza scena, e dobbiamo inventarci qualcosa di particolare per questo personaggio che sopporterà e supporterà l'ossessione di Oskar. In questa scena avviene, secondo me, l'incontro con Reserl e la sua assunzione come domestica della casa. La madre di Oskar, che sappiamo da questa scena essere una sensitiva e che lui chiama «mammetta», l'ha mandata da lui. Oskar ne rimane colpito.

Fanne una ragazza bella, ma non troppo rispetto ad Alma, sensualissima, furba e che viene dal popolo. Sono condizioni che aiuteranno nella relazione con Kokoschka. Inoltre devi costruire bene il loro rapporto. Si deve sentire una sintonia che diverrà più forte quando Alma non ci sarà più.

Siamo a questo punto nel centro dell'azione. Nella quarta scena vedrei Alma e Oskar che si iniziano a scrivere. La chiamerei la scena delle lettere. Oskar è ossessionato dal corpo di Alma. «Lo disegna e lo ridisegna e lo ridisegna ancora, per centinaia di volte, molti disegni sono dei particolari: un seno, una gamba, il ventre, un occhio...». Tutto però ci viene raccontato e agito dai due domestici: Hans e Reserl, che commentano, ognuno dal proprio punto di vista, l'ossessione grafica di Oskar.

Alma gli entra nel sangue, come un veleno...

Un veleno che lo porterà quasi alla morte. Infatti dobbiamo vedere da vicino cosa accade tra loro. Nelle scene successive Oskar accoglie Alma impaziente nel suo studio dalle pareti dipinte tutte di nero indossando un pigiama rosso fiamma... Alma confessa ad Oskar che non ha mai incontrato un uomo che l'abbia fatta sentire così tanto amata e così tanto desiderata. Con lui, dice, prova un benessere perfetto. Benessere. Sembra una gatta che faccia le fusa soddisfatta del pasto.

Entrambi sono stati vittime e carnefici in questo rapporto. Si sono amati a vicenda in un modo che avviene solo nei romanzi e si sono anche odiati profondamente facendosi del male. È una storia che se non fosse accaduta davvero sembrerebbe inventata.

Alma accusa la gelosia di Oskar verso un uomo, Gustav Mahler, che non c'è più: lui pretenderebbe una sorta di lobotomia nella donna che lo amò. Oskar ricorre però a una sorta di rito esorcistico. Invece di distruggere le immagini di Mahler, come gli verrebbe di fare, le bacia assumendo un'aria devota. Questo lo vediamo nella scena del busto di Mahler scolpito da Rodin. Alma confessa che questa gelosia, a stento trattenuta dal-

l'esplodere, talvolta le fa veramente paura. Per distrarlo un giorno gli promette che lo sposerà se lui dipingerà un capolavoro.

«La sposa nel vento».

Un quadro sublime ed inquietante.

Immagino che a questo punto farai finire l'atto con la vicenda del bambino e la fuga di Alma?

Sì, ma prima dobbiamo mettere una scena di servizio nella linea della storia dei due protagonisti. Diciamo che Alma gli annuncia che aspetta un figlio da lui e decidono di partire per l'Italia. Il loro viaggio ci viene raccontato dai due servitori di casa e ognuno ne riporta un punto di vista diverso a seconda che abbia ricevuto notizie dal Signor Oskar o dalla Signora Alma. Nella scena finale del primo atto i due fanno ritorno a casa. Scena della maschera mortuaria, gelosia parossistica di Oskar e rottura della maschera con conseguente decisione di Alma di abortire il figlio di Oskar e abbandonarlo per sempre.

Trovo il gesto di Alma di una forza senza pari, che solo una donna che ama può fare. È un gesto di protezione, anche se ha in sé una violenza inaudita. Alma abortendo e negandosi la maternità con Oskar reagisce alla violenza di cui la persona che ama è vittima. In un certo senso salva lui più che se stessa, che dovrà convivere con questo dolore per tutta la vita.

E infatti, Andrea, anche se la vicenda di Oskar e Alma finisce qui nella vita reale, intendo nella vera storia tra i due, è necessario raccontarla per come è avvenuta e per come la tracci nel saggio. Drammaturgicamente potrebbe non essere una novità. È in fondo un grande prologo a quello che sarà la crea-

zione del simulacro che è il vero fulcro della vicenda e, se mi permetti, la parte più interessante dal punto di vista teatrale.

Fai bene a raccontarla così. Il pubblico deve sapere, anzi deve vedere cosa accade veramente tra i due. Non può essere raccontato da scene indirette. Non se ne coglierebbe il legame forte e profondo, ma direi soprattutto pericoloso, che c'è tra Oskar e Alma. Solo comprendendo questo legame nel loro rapporto vissuto possiamo credere che la scelta di Oskar di farsi costruire una bambola ad immagine e somiglianza di Alma, ovvero la sua creatura del desiderio, non apparirà la follia di un pazzo, ma la creazione di un artista che è rimasto prigioniero nel labirinto del suo amore.

Tutto il secondo atto è infatti centrato sulla vicenda del simulacro. Te lo leggo sche-

maticamente come penso debba svilupparsi in scene.
Nella prima scena mettiamo Oskar tornato dalla guerra che confessa a Reserl di non avere dimenticato Alma. Le comunica l'idea della bambola nata dopo avere visto ad una fiera Ermin Moos, costruttrice di bambole, e averle commissionato la costruzione del simulacro.
Nella seconda scena descriviamo le prime prove del simulacro, le indicazioni dettagliatissime alla Moos. Reserl, per volere di Oskar, partecipa alla discussione e fa da modella per la Moos.
Terza scena: la vita in casa. Oskar, Alma/Creatura e Reserl. Reserl nella vita quotidiana prende il sopravvento, nell'immaginazione di Oskar è come se vivesse la bambola Alma attraverso il «corpo» del simulacro ma con le sensazioni e la voce di Reserl. Un vero e proprio Doppelgänger!
Quarta scena: la vita sembra aver preso il corso normale. Oskar e Alma/Creatura vivo-

no una paradossale quotidianità ordinaria con uscite all'opera e presentazione agli amici. Tanto ordinaria che Oskar ricade nell'ossessione di lei e nella sua gelosia.

Quinta scena: Oskar dà una festa in casa sua, invita a suonare un'orchestra (che non vediamo). Nell'euforia della festa Oskar prende la bambola Alma e la fa dileggiare da tutti, trattandola lui stesso come un manichino. I musicisti suonano in giardino, in una notte estiva. Musica, festa e ubriacatura. Ma Oskar non regge l'euforia degli invitati (li vedremo come figure animate dei suoi quadri). *Ad un certo punto Alma sparisce. Oskar la cerca come un ossesso, Reserl è con lui. Oskar trova Alma in compagnia di un signore, Jacob, invitato alla festa, che la sta possedendo da dietro.*

Scena di ossessa gelosia. Oskar scaraventa Jacob e tutti gli invitati fuori di casa sua.

Scena finale: rimangono Oskar, Reserl e Alma. Dialogo con Alma dove Oskar le chiede di liberarlo dalla ossessione. Alma, per voce di Reserl, gli suggerisce di distruggerla. Oskar in preda al delirio «uccide» la bambola. Afflitto per ciò che ha compiuto viene aiutato nello svelamento della verità da Reserl e si rende finalmente conto che «è solo una bambola»!

Bene, ora però scrivilo scena per scena e con i dialoghi.

Nella stesura dei dialoghi avevo trovato non poche difficoltà, soprattutto per far sì che non ne nascesse una lingua letteraria, ma allo stesso tempo che la passione dei due amanti non si banalizzasse nelle scene di gelosia. Chiamavo Andrea al telefono per chiedergli conforto, ma lui, con la giusta crudeltà che era la conseguenza della sfida che avevo voluto imbracciare, mi diceva: «Veditela tu, risolvi!». Tornai mesi dopo a leggergli tutto il testo. Lui stette per circa un'ora e mezza in silenzioso ascolto. Poi mi disse:

Ho pensato davvero all'inizio che fosse una drammaturgia irrealizzabile. Mi sbagliavo. Funziona benissimo.

Post scriptum

Quando lo conobbi, più di trentacinque anni fa all'Accademia Silvio d'Amico, di lui mi colpì la capacità di essere allo stesso tempo materialista e onirico, come pochi ne sono venuti al mondo nel corso dello scorrere delle generazioni umane. Ti sapeva inchiodare ad un problema oggettivo, ma al tempo stesso, ti indicava la via d'uscita, che era quasi sempre quella del sogno, della visione, della pura immaginazione.
Mi conquistò subito, come subito conquistava tutti con la sua naturale generosità di intenti e la sua schiettezza che lo faceva distinguere come una mosca bianca della verità nel contesto formale e talvolta eccessivamente ipocrita del nostro mondo teatrale. Andrea era esattamente quello che

mostrava di essere: se stesso sempre e comunque.
E quell'essere sempre uguale a se stesso era fatto di una materia di qualità che noi giovani, non ancora contaminati dalle facezie di un girotondo teatrale tutto ancora da vivere, riconoscevamo immediatamente. Ci conquistava la sua ironia, la sua generosità, quel suo essere autorevole, ma allo stesso tempo nostro alleato, specie nei momenti di difficoltà. Ci conquistava soprattutto il suo amore per noi giovani che, malgrado il ruolo che ricopriva, non gli impediva di passare con noi serate a cena all'insegna dello scanzonato divertimento. Andrea aveva un'abitudine sublime, partecipava alle nostre cene di allievi d'Accademia esattamente come fosse uno di noi.
C'è un episodio che mi riguarda avvenuto in una di queste memorabili serate. Era un giorno di ottobre del 1986, avevamo organizzato una cena in casa mia a Roma, in

via Cerveteri, e Andrea, come altre volte, aveva partecipato volentieri. Ad un certo punto squilla il telefono, allora solo fisso con tanto di segreteria annessa, vado a rispondere e all'altro capo sento una voce con accento fortemente siciliano e vagamente familiare. «Pronto, buonasera, potrei parlare con Camilleri per piacere, sono Leonardo Sciascia...». Rimasi attonito e basito. In un interminabile tempo della mia pausa mi invase un senso di orgoglio e di soddisfazione, sentire la voce di Sciascia al mio telefono mi dava soddisfazione e vieppiù sentire che voleva parlare con Andrea, non sapevo fino a quel momento che si conoscessero. Pur tuttavia, beata gioventù, l'orgoglio lasciò il posto alla dabbenaggine saccente. Sospettai fortemente che si trattasse di uno scherzo. Pensai che qualche buontempone dei nostri colleghi, non essendo stato invitato alla cena, si volesse vendicare con questa burla di dubbio gusto, e prontamente allora riat-

taccai. Non passarono neanche trenta secondi che il telefono squillò nuovamente. «Pronto, buonasera, mi scusi ma è forse caduta la linea, potrei parlare con Camilleri per piacere, sono Leonardo Sciascia...». A quel punto realizzai. Non era uno scherzo e io ero stato un imbecille, era veramente Sciascia!
Corsi da Andrea e gli dissi chi c'era al telefono e della «grezza» che avevo fatto. Lui, ridendo, andò alla cornetta. Poco dopo mi disse che sì, era proprio Sciascia e che sarebbe passato di lì a poco a prenderlo in macchina perché doveva parlargli di una cosa urgente, ma appena concluso ci avrebbe nuovamente raggiunto. Poi mi disse divertito: «Non preoccuparti, non si è proprio accorto che gli hai sbattuto il telefono in faccia!».
Questo era Andrea, sempre e comunque uno di noi. Nel quotidiano e nel lavoro.
Un altro episodio che non ho mai raccontato mi dimostrò, qualora ce ne fosse stato bisogno, la grandezza di Andrea Camilleri

come uomo, come insegnante e come uomo di teatro.

Da allievi registi eravamo obbligati a preparare, per tutti e tre gli anni di corso, un saggio espositivo alla fine di ogni anno. Un vero e proprio spettacolo, completo di scene costumi e musiche, utilizzando gli allievi attori a disposizione e all'occorrenza qualche attore esterno già diplomato.

Per il saggio del secondo anno io avevo scelto un testo che allora mi piaceva molto, ora non sono più dello stesso avviso: La scuola dei buffoni *di Michel de Ghelderode. Avevo come tutor il regista Lorenzo Salveti, con il quale in verità non c'era stata mai una reale intesa. Diversità di vedute forse o una «chimica» che non era affatto in sintonia.*

Ebbi enormi difficoltà a portare a termine la messinscena di quel saggio. Mi sentivo col fiato sul collo, Salveti entrava nel merito delle mie scelte con prepotenza e a volte

senza provare a capire veramente cosa io volessi dire nel mio progetto di regia. A distanza di anni devo comunque ringraziare Salveti, quantomeno per avermi fatto comprendere cosa non si deve fare. Mi è servito molto quando ho ricoperto il ruolo di Direttore artistico e nei confronti di alcuni registi ho dovuto condividere anche scelte che non mi piacevano.
Ebbene, arrivammo finalmente a conclusione e la prima serata di debutto del saggio era dedicata, come pubblico, al corpo docente. Una sorta di prova generale aperta, ma che prevedeva come spettatori solo gli insegnanti di Accademia. Alle successive serate avrebbe assistito un pubblico esterno.
Come scenografo avevo avuto, voluto fortemente da Salveti, Bruno Buonincontri, eccellente professionista, ma anch'egli desideroso di non provare a comprendere le idee dell'allievo Dipasquale che, per quanto sbagliate o non gradite, erano tuttavia le

mie. Così mi aveva letteralmente imposto una scenografia che non condividevo, ma che mi dovevo fare andar giù senza possibilità di protestare o rifiutare come invece mi fu possibile dopo da professionista. Allora inventai una disposizione scenica, e questo non poterono impedirmelo né le proteste di Buonincontri né quelle di Salveti, che prevedeva una diversa collocazione del punto di vista: la prima metà dello spettacolo si svolgeva con il pubblico in sala e gli attori sul palco, l'altra metà cambiavo il punto di vista e costringevo gli spettatori a salire sul palco e gli attori a scendere in sala. Un ribaltamento del piano della scena con tanto di vestizione del pubblico con elementi di costume. Ovvero, era la mia idea: i buffoni, che prima erano stati gli attori, diventavano da quel momento gli spettatori.

Non avevo avuto la possibilità di avere l'aiuto di Andrea nella preparazione del saggio, né di poterne parlare con lui, perché era impegnato con altri allievi e con i saggi del terzo anno, pertanto solo la sera del debutto lui poté vedere cosa avevo combinato. E fu quella sera che accadde una cosa incredibile e meravigliosa ad un tempo. Arrivati al momento in cui il pubblico era costretto dagli attori a cambiare prospettiva e, vestiti da buffoni, salivano le scalette per prendere posto in palcoscenico, ecco che Andrea inizia, solo e nello stupore degli altri insegnanti, a battere le mani e a gridare «bravo, bravo». Attirandosi le malcelate occhiate di dissenso dei miei docenti contrari, ma in fondo compattando a sé quelli che invece la pensavano come lui.

Questo episodio creò non pochi problemi nella commissione d'esame che avrebbe valutato il mio saggio e avrebbe deciso se promuovermi al terzo anno o bocciarmi. Salveti, che aveva un peso in commissione, si batté strenuamente per la mia cacciata, Camilleri, con urla che ancora ricordo perché con gli altri allievi ci eravamo appostati nei pressi della stanza dove erano riuniti, lottò – e per fortuna vinse – per la mia promozione. Gli sentii dire questa frase: «Bene, allora se volete bocciare Dipasquale fatelo pure! Ma da questo momento in poi bocceremo tutti gli allievi che oseranno proporre un'idea originale e anche azzardata solo perché non ci piace!», e uscì dalla stanza sbattendo la porta.

La storia gli ha dato, presumo, ragione.

Lui amava farci lezioni di Regia raccontandoci i suoi sogni, come diciamo nella conversazione.

Un giorno, doveva essere il 1986 o l'87, mi raccontò un sogno che mi si scolpì dentro. Non so perché, ma quel racconto è inciso nella mia anima e nel mio ricordo ancora vivo come allora. Più volte in questi anni lo ricordavo ad Andrea e gli dicevo: «Scrivilo, è bellissimo!». Ma lui, credo, non ha mai voluto scriverlo, ha preferito rimanesse il racconto di un sogno fatto ad un suo allievo. Lo faccio io, ora, per lui, sperando che me lo permetta.

«Di colpo mi ritrovai davanti ad una porta scura di un palazzo molto elegante e avveniristico. Non riuscivo a capire come vi fossi capitato, visto che stavo facendo tutt'altro. Mi chino sul campanello per vedere chi abitasse in quell'appartamento e sulla targhetta vedo scritto un nome: H.G. SCHMIDT».

Qui Andrea si fermava e mi faceva notare che quel nome aveva le stesse iniziali di Wells, Herbert George Wells, lo scrittore di racconti fantascientifici come La macchina del tempo, *ecc.*

«Mi feci coraggio» riprendeva Andrea «e decisi di suonare quel campanello, ma nessun suono conseguì alla pressione del mio dito. Poi, di colpo e inaspettatamente, la porta si aprì da sola. Mi apparve un grandissimo salone vuoto che dava in fondo su una parete

di vetri affacciati sull'infinito. Un signore, piacevole all'aspetto e vestito di un camice bianco, mi accolse con un sorriso di luce in viso. "Dottor Camilleri, benvenuto!". Rimasi senza parole. Non conoscevo quell'uomo, ma lui conosceva me. "Si accomodi, non l'aspettavamo così presto" disse. "Mi aspettavate? Ma io non so perché sono qui" risposi sulla difensiva. "Lei è qui per sua scelta. Di certo avrà notato qualcosa di strano nelle ultime ore..." mi rassicurò, ma poi non tanto a dire il vero. "Veramente dottore", tale a questo punto mi parve essere il ruolo di quel signore che non aveva voluto presentarsi, "io sto bene. Per essere un uomo di sessant'anni me la godo alla grande" replicai con un po' di spocchia e anche con la speranza che quella strana visita non richiesta finisse. "Non capisco" fece lui, "qualcosa che l'abbia portata qui da me ci deve essere, altrimenti non le avrei neanche aperto l'ingresso!". "Non saprei che dirle" feci felice e sbrigativo. "Le assicuro che mi sento meravigliosamente bene!". Quell'uomo si avvicinò a me allora per la prima volta da quando ero entrato nella stanza fin quasi a mettere la sua faccia vicino alla mia e con voce profonda e rassicurante mi chiese: "Mi racconti allora la cosa più strana che le è capitata in queste ultime ore". Lo guardai stupito, era un uomo molto bello e molto luminoso. Ridendo gli raccontai che ultimamente mi capitava di sentire un suono dentro l'orecchio... "Ecco, volevo ben dire! Un suono. Ci siamo" disse soddisfatto e contento. "È scientifico, capisce dottor Camilleri, che lei si trovi qui. E questo suono è la chiave di tutto. A lei potrà sembrare strano, ma le assicuro che non lo è. I nostri prodotti sono perfetti e non sbagliamo mai, e lei, mi permetta di dirglielo, è uno dei risultati più riusciti che possiamo vantare. Mi dica, mi dica del suono...". Ero davvero più disorientato e confuso di prima. "Sento un suono, fermo e deciso, ma non è un fischio, ma proprio un suono!". "È naturale. Un suono. È il segnale" fece lui sicuro di sé, "potrebbe dirmi come fa questo suono...". "Certo", risposi, "lo ricordo benissimo, fa: biiiiiiiiiip bi bip!". Lo vidi sobbalzare di scatto indietro, stranito e improvvisamente la luce che aveva attorno si fece grigia, scura come fosse diventato un altro uomo. Aveva perso l'aplomb iniziale. "Non è possibile! Non può accadere una cosa del genere. Biiiiiiiiiip bi bip!? È sicuro? Forse ricorda male, dottor Camilleri, il suono non può essere questo! Lei si confonde, sicuramente sarà bi bip biiiiiiiiiip!". "No" feci io con assoluta certezza, "sono sicuro, il suono è biiiiiiiiiip bi bip!". Quell'uomo entrò nel panico. Iniziò ad imprecare in una lingua a me sconosciuta. Andò dietro la grande scrivania di vetro e tirò fuori come per magia degli ologrammi che consultava spasmodicamente e velocissimamente come fossero le pagine di un libro battuto dal vento. Poi di colpo si quietò e mi tornò a guardare con la stessa calma di prima, ma questa volta in viso gli si leggeva un certo imbarazzo. "Dottor Camilleri, lei deve accettare le mie scuse. Il suono che avrebbe dovuto sentire doveva essere bi bip biiiiiiiiiip! e non Biiiiiiiiiip bi bip! Evidentemente, cosa che non era mai successa, c'è stato un terribile sbaglio. Lei non doveva trovarsi qui. Se ne vada e torni soltanto quando il suono le si sarà ricomposto nella giusta sequenza". Fu allora che quel mio occasionale medico sparì e con lui il sogno».

Non pensavo, e non l'ho fatto fino al momento in cui quella sequenza di suono si è ricomposta nell'orecchio di Andrea, al valore simbolico e premonitore che quel sogno avesse. Allora, noi allievi ci sentivamo sedotti e elevati da una rara prerogativa della formazione creativa quale voleva essere quella del corso di Regia in Accademia: essere gli artefici della biga alata del Fedro platonico potendoci lasciare andare al ludibrio dei sensi, certi di essere temperati dalla disciplina della nostra anima. Quella biga, la sua biga, che oggi più che mai con i suoi cavalli ci conduce sia verso la thymoeidès (l'anima) sia verso l'epithymetikòn (la concupiscenza), corre inesorabilmente verso l'eterno e l'infinito, guidandoci nella direzione di una vita libera dal lutto perpetuo, e ci insegna – come Andrea ha sempre fatto in tutta la sua vita – che essa, in tutte le sue declinazioni, è sempre e solo gioia.

Indice

Questo volume è stato stampato
su carta Arena Ivory Smooth
delle Cartiere Fedrigoni
nel mese di settembre 2023

Stampa: Officine Grafiche soc. coop., Palermo

Legatura: LE.I.MA. s.r.l., Palermo

Il divano

1 Abate Dinouart. L'arte di tacere
2 La volpe amorosa
3 Nino Savarese. Gatterìa
4 Kenelm Digby. La polvere di simpatia
5 Jean-Baptiste Pérès, Richard Whately e Aristarchus Newlight. L'imperatore inesistente
6 Jean-François de Bastide. La petite maison
7 Enrique Vila-Matas. Storia abbreviata della letteratura portatile
8 Choderlos de Laclos. L'educazione delle donne
9 Herbert George Wells. Piccole guerre
10 Champfleury. Il violino di faenza
11 Gustave Amiot. La Duchessa di Vaneuse
12 Gustav Weil. Il racconto più bello del Corano
13 Celio Calcagnini, Celio Malespini, Giuseppe Battista, Pio Rossi. Elogio della menzogna
14 Alexandre Dumas. La cappella gotica
15 Gotthold Ephraim Lessing. Favole in tre libri
16 Carl Jacob Burckhardt. Incontro con Rilke
17 Lady Bell. Piccolo manuale di giochi per viaggiatori
18 Honoré de Balzac. Massimilla Doni
19 Ippocrate. Sul riso e la follia

20 Johann Wier. Le streghe
21 Catalina de Erauso. Storia della monaca alfiere scritta da lei medesima
22 Antonio Tosti. Contributo alla conoscenza della stupidità umana
23 Edmondo De Amicis. Manuel Menendez
24 Konstantin Nicolaevič Leont'ev. Storia di un giovane suliota
25 Paul Claudel. La mistica delle pietre preziose
26 La fiaba d'amore dei principi russi Pietro e Fevronija
27 Ninon de Lenclos. Lettere sulla vecchiaia
28 Geoffrey di Monmouth. La profezia di Merlino
29 Salvatore De Matteis. Essendo capace di intendere e di volere
30 Jacob Wassermann. Donna Giovanna di Castiglia
31 Ernest Haycox. La diligenza per Lordsburg
32 Pierre André Gargaz. Progetto di pace perpetua
33 Madame du Châtelet. Discorso sulla felicità
34 Vsevolod Garšin. Attalea Princeps
35 Jean-Pierre Claris de Florian. Rosalba
36 Frank Harris. Montes, il matador
37 Anatole France. Crainquebille
38 La navigazione di San Brandano
39 Nathaniel Hawthorne. La casa del tesoro
40 Davide Bertolotti. Il filtro degli Inchi
41 Karel Čapek. Fogli italiani
42 William Beckford. Storia del principe Alasi e della principessa Firuzkah
43 Seneca. La fermezza del saggio

44 al-Ghazâlî. Lettera a un discepolo
45 Apuleio. Amore e Psiche
46 Nicolò Tommaseo. D'amor parlando
47 Il libro dei Tre Caratteri
48 Ivan Bunin. L'affare dell'alfiere Elaghin
49 Le pietre mirabili. Magia e scienza nei lapidari greci
50 Stendhal. I privilegi
51 Arthur Conan Doyle. La nuova rivelazione
52 Herbert R. Lottman. Dieci domande sui libri
53 Henry von Heiseler. L'altro
54 Tiziano Colombi. Il segreto di Cicerone
55 Tsàn-yan-ghia-tsò VI Dalai Lama. Canti d'amore
56 Oscar Wilde. Il delitto di lord Arturo Savile
57 Guida del cercatore d'oro della California
58 Geoffrey di Monmouth. La follia del mago Merlino
59 Aleksej Apuchtin. Il diario di Pavlik Dol'skij
60 Aleksej Apuchtin. L'archivio della contessa D**
61 Mykola Kostomarov. La rivolta degli animali
62 José de Acosta. Le peregrinazioni di Bartolomé Lorenzo
63 Jean Paulhan. Guida di un piccolo viaggio in Svizzera
64 Karl Gottlob Schelle. L'arte di andare a passeggio
65 Ernesto Ragazzoni. Le mie invisibilissime pagine
66 Louis Fürnberg. Mozart e Casanova
67 António José Branquinho da Fonseca. Il Barone
68 Costantino Porfirogenito, Ibn Rosteh, Liutprando da Cremona. Il libro delle cerimonie
69 Luciano Canfora. Demagogia

70 Hector Berlioz. Eufonia o la città musicale
71 Giovanni Iudica. Il principe dei musici
72 Julien Offroy de La Mettrie. Il sommo bene
73 Samuel Johnson. Storia di Rasselas principe di Abissinia
74 Alessandra Lavagnino. Zanzare
75 Chester G. Starr. Lo spionaggio politico nella Grecia classica
76 André Gide. Il caso Redureau
77 André Gide. Ricordi della Corte d'Assise
78 André Gide. Fatti di cronaca
79 Pierre de Marivaux. Il bilboquet
80 Charles Cros. La scienza dell'amore
81 Robert S. Hichens. Come scoprì l'amore il professor Guildea
82 Charles Lamb. Rosamund Gray
83 Giulietta Ascoli. Balie
84 Platone. Apologia di Socrate
85 Luciano Canfora. Manifesto della libertà
86 David Herbert Lawrence. Le figlie del vicario
87 Henry James. Adina
88 Massimo Bontempelli. Noi, gli Aria
89 Giorgio de Marchis. Il poeta, il ragazzo, la ragazza
90 Maria Attanasio. Correva l'anno 1698 e nella città avvenne il fatto memorabile
91 Giuseppe Scaraffia. Miti minori
92 Nicolas-Edmé Restif de la Bretonne. Lettera di una scimmia
93 Robert de Montesquiou. Dame d'autunno
94 Sophie de Condorcet. Sulla simpatia

95 Cristina Biondi. Il profumo del lino
96 Antoine Galland. Elogio del caffè
97 Il racconto su Drakula voevoda
98 Horacio Quiroga. Il tetto d'incenso
99 Plutarco. Filosofia del matrimonio
100 Andrea Camilleri. Il gioco della mosca
101 Giovanni Maria Rossi. Finis terrae. Viaggio all'ultima Thule con Pitea di Marsiglia
102 Nino Insinga. Per sogni e per chimere
103 Claude Lévi-Strauss. Babbo Natale giustiziato
104 Le parole e le ore. Gli orologi barocchi: antologia poetica del Seicento
105 Pierluigi Celli. Graffiti aziendali
106 Girolamo Aleandro, Girolamo Rocco, Marcello Giovannetti. Esercizi fisiognomici
107 Stendhal. Vanina Vanini
108 Salvatore Di Giacomo, Angelo Morino. Nome e cognome di donna. Assunta Spina
109 William H. Hudson, Angelo Morino. Marta Riquelme ovvero Non toccare la donna bianca
110 Francesco Petrarca. Lettere di viaggio
111 Giovanni Giudice. Doppio assassino
112 Caio Giulio Hygino. Fabulario delle stelle
113 Il cavaliere irlandese all'Inferno
114 Maria Giulia Barberini, Idalberto Fei. Relazione di Moscovia scritta da Raffaello Barberini (1565)
115 Anonimo russo. Da Mosca a Firenze nel Quattrocento
116 Lorenzo Zichichi. Il disertore del Paradiso
117 Marina Minghelli. Santa Marina la travestita

118 Kabir. Canzoni dell'amore infinito
119 I tre racconti dei tre figli di mercanti. Novelline popolari siciliane
120 Torquato Tasso. Discorso della virtù feminile e donnesca
121 Caroline Butini Boissier. Liszt maestro di piano
122 Pietro Spirito. Vita e sorte di Pierre Dumont, socio di Dio
123 Héctor Abad Faciolince. Trattato di culinaria per donne tristi
124 Giovanni Tritemio. Elogio degli amanuensi
125 Giorgio De Simone. L'isola dei pantèi
126 Giorgio de Marchis. Dell'abitare
127 Alexandre Dumas. La rosa rossa
128 Alexandre Dumas. Un'amazzone
129 Giacomo Properzj. Padania o cara
130 Don Pedro Francisco Doménech y Amaya. Indagine su un uomo morso dalla tarantola
131 Leopold von Sacher-Masoch. Diderot a Pietroburgo
132 Henry James. La crespa Cornelia
133 Henry James. Un pittore di paesaggi
134 Alfonso de Liguori. Degli obblighi de' giudici, avvocati, accusatori e rei
135 Luciano Canfora. Un ribelle in cerca di libertà. Profilo di Palmiro Togliatti
136 Gianfranco Dioguardi. Attualità dell'Illuminismo milanese: Pietro Verri e Cesare Beccaria
137 Delarivier Manley. Le avventure di Rivella
138 Eike Pies. Il delitto Cartesio
139 Paolo Terni. In tempo rubato

140 Ippocrate. Aforismi
141 Elliot Silberberg. Il diluvio
142 Vincenzo Vitale. In questa notte del tempo
143 Maurizio Calvesi. Storia della seduzione
144 Angelo Morino. Il libro di cucina di Juana Inés de la Cruz
145 Franco Melandri. Le Siberiane seguono il sole
146 Arthur Schnitzler. Geronimo il cieco e suo fratello
147 Gianfranco Dioguardi. La scienza come invenzione. Alessandro Volta
148 Ginevra Bompiani. L'amorosa avventura di una pelliccia e di un'armatura
149 Nikolaj Gogol'. Roma
150 Vita di Gesù secondo le tradizioni islamiche
151 Claudio Saporetti. Jeshûa e Gesù
152 Giancarlo Lunati. Gesù. Quattro vite verosimili
153 Atti del processo di Giordano Bruno
154 Pasquale Hamel. L'ingorgo
155 Gaetano Savatteri. La congiura dei loquaci
156 Nico Perrone. Il truglio
157 Storia della tiara bianca
158 AA.VV. Per gioco
159 Herbert George Wells. Giochi da pavimento
160 Marco Santagata. Il copista
161 José Maria de Eça de Queirós. Alves & C.
162 Alfonso de Liguori. Maria nostra avvocata
163 Tukārām. Canti del Pellegrino
164 Sarah Kofman. Rue Ordener, rue Labat
165 Melo Freni. Marta d'Elicona
166 Gabriella Brooke. Le parole di Bernfrieda

167 Mário Cláudio. La fuga in Egitto
168 Jacob Wassermann. Il tumulto intorno allo Junker Ernst
169 Paolo Terni. Giorgio Manganelli, un ascoltatore maniacale
170 Enrico Guarneri. Di un amore senza fine. Eloisa e Abelardo 1116-1164
171 Stefano Villani. Il calzolaio quacchero e il finto cadì
172 Arthur Conan Doyle. Il parassita e altri racconti
173 Max Bruschi. Giuseppe Verdi. Note e noterelle
174 Gianni Puglisi. I modi della moda
175 Gianfranco Dioguardi. Sui sentieri della scienza
176 Enrico Micheli. L'Annunziata
177 Luca Toscani. Natale a Comodoro Rivadavia
178 Sergio Valzania. Tre tartarughe greche
179 Giovanni Merenda. L'esilio
180 Sabino Acquaviva. Prima dell'alba
181 Mario Pacelli. Cattivi esempi
182 Alda Bruno. Tacchino farcito
183 Franco Antonio Belgiorno. L'accalappiatempo
184 Gioacchino Lanza Tomasi. Vincenzo Bellini
185 Jaroslav Hašek. Compagno Hašek, comandante della città di Bugul'mà
186 Antonella Santacroce. Diavoli e dannati
187 Paolo Terni. Un vento sottilissimo
188 Henry James. La figura nel tappeto
189 Constance Fenimore Woolson. Via del Giacinto
190 Maria Savi-Lopez. Nani e folletti
191 Theodore Zeldin. La conversazione
192 Giuseppe Scaraffia. Gli ultimi dandies

193 Francesco Renda. Salvatore Giuliano. Una biografia storica
194 Donatien-Alphonse-François de Sade. Il giudice beffato
195 Ernesto Ragionieri. Churchill
196 Jean Giono. L'affare Dominici
197 Francesco Gambaro. Si guarda com'è il sole
198 George Sand. I giardini in Italia
199 Joseph e Elizabeth Pennell. L'Italia in velocipede
200 Christian Fürchtegott Gellert. Vita della contessa svedese von G.
201 Elizabeth Gaskell. Il castello di Crowley
202 Parole di fuoco. La vita e il processo di Anne Askew
203 Alessandro Carrera. La vita meravigliosa dei laureati in lettere
204 Wilhelm von Lenz. Il pianoforte e i suoi virtuosi
205 Lucio Maria Attinelli. Una stagione a Palermo
206 Simona Corso. Capodanno al Tennis Club
207 Alfonso de Liguori. Tu scendi dalle stelle
208 Beppe Benvenuto. Giuseppe Prezzolini
209 Enrico Guarneri. Monaca per sempre. Marianna de Leyva tra romanzo e documento
210 Nadia Adragna. Opera I
211 Ettore Randazzo. L'avvocato e la verità
212 Giulio Angioni. Il mare intorno
213 Pier Luigi Celli. Nascita e morte di un'impresa in 42 lettere
214 Cesare Brandi. Sicilia mia
215 Vincent Schiavelli. Bruculinu America

216 Wilkie Collins, Charles Dickens. Il pigro viaggio di due apprendisti oziosi
217 Alfonso de Liguori. La fedeltà de' vassalli
218 Vernon Lee. L'avventura di Winthrop
219 Gianna Manzini. La moda di Vanessa
220 Gerhart Hauptmann. Il fantasma
221 Consigli e istruzioni del giardiniere di corte di Caterina la Grande
222 Agata Parisella, Giovanna Trapani, Luca Mariani. La pittura in cucina. Pittori e chef a confronto
223 Renata Pucci di Benisichi. Scusate la polvere
224 Kate Chopin. Un paio di calze di seta
225 Renata Pucci di Benisichi. Trenta e due ventotto
226 Johannes Weidenheim. Una festa d'estate a Maresi
227 Giulio Angioni. Assandira
228 Giuseppe Prezzolini. Cristo e/o Machiavelli
229 Mimmo Sammartino. Vito ballava con le streghe
230 Daniel Defoe. Vite di pirati
231 Émile Zola. Sidoine e Médéric
232 Principessa Bibesco. Nobiltà dell'abito
233 Constance Fenimore Woolson. Per il Maggiore
234 Jessie L. Weston. Indagine sul Santo Graal
235 Ivan Putilin. Memorie del capo della polizia di San Pietroburgo
236 Franz Kafka. Storie di animali
237 Alda Bruno. La casina, la casa, le cose
238 Enrico Micheli. Il Palazzo del Papa
239 Susan Glaspell. Una giuria di sole donne
240 John Ruskin. Delle tesorerie dei re

263 Brunilde Neroni. A casa
264 Laure Surville Balzac. Balzac mio fratello
265 Karel Čapek. L'anno del giardiniere
266 Thomas Hardy. Un semplice interludio
267 Thomas Hardy. Barbara
268 Constance Fenimore Woolson. Vigilia di Natale
269 Antonella Ottai. Il croccante e i pinoli. Sei racconti cucinati in famiglia
270 Alessandra Lavagnino. La mala aria. Storia di una lunga malattia narrata in breve
271 Francesco Paolo Castiglione. Indagine sui Beati Paoli
272 Enrico Micheli. Quando dalla finestra si vedeva l'Eur e noi sognavamo la rivoluzione
273 Giulio Angioni. Gabbiani sul Carso
274 Jole Calapso. La veglia
275 Elsa Guggino. La campana e il deltaplano
276 Gertrude Stein. Sangue in sala da pranzo
277 Pasquale Hamel. Breve storia della società siciliana 1780-1990
278 Victor Zaslavsky. Il mio compagno di banco Ramón Mercader
279 La bellezza delle milanesi. Viaggiatori francesi a Milano
280 Rosario La Duca. La corda e la mannaia. Delitti e pene nella Sicilia del «buon tempo antico» (XVI-XVIII secolo)
281 Nino Vetri. Sufficit
282 Salvatore Mazzarella. Dell'isola Ferdinandea e altre cose

283 Stefano Vilardo. A scuola con Leonardo Sciascia
284 Bernard Comment. Tutto passa
285 Ippocrate. La natura del bambino dal seme alla nascita
286 Jean-Robert Pitte. Il vino e il divino
287 Alberto Vigevani. Milano ancora ieri
288 Renata Pucci di Benisichi. Piccole storie di alberi e di uomini
289 Margherita Provana di Collegno. Caro Manzoni, cara Ghita
290 Giuseppe Scaraffia. Infanzia
291 Luciano Canfora. La trappola. Il vero volto del maggioritario
292 Guida del soldato in Sicilia
293 Mario Giorgianni. La società della serra
294 Marylin Desbiolles. Qualcosa che non ho mai cucinato prima
295 Neige DeBenedetti. Tubì, tubì
296 Honoré de Balzac. La signorina Cormon
297 Antoni Libera. La Toccata in do maggiore
298 Gianni Puglisi. Il tempo della crisi
299 James Boswell. Diario di un viaggio alle Ebridi
300 Erasmo da Rotterdam. La guerra piace a chi non la conosce
301 Walter Scott, Victor Hugo. Waterloo
302 Renata Pucci di Benisichi. Per un buon uso della vecchiaia
303 Antonio Manzini. Sull'orlo del precipizio
304 Jules Isaac. Gli oligarchi. Saggi di storia parziale
305 Rosario La Duca. I veleni di Palermo

306 Pamela Lyndon Travers. La volpe alla mangiatoia. Una favola di Natale
307 Alberto Vigevani. L'invenzione
308 Marco Follini. Noia, politica e noia della politica
309 Roger Caillois. Ponzio Pilato
310 Marcello Carapezza. Molti fuochi ardono sotto il suolo. Di terremoti, vulcani e statue
311 Luca Scarlini. Bianco tenebra. Giacomo Serpotta, il giorno e la notte
312 Gabriello Montemagno. L'uomo che inventò i Beati Paoli
313 Eugenio Baroncelli. Risvolti svelti. Breviario amoroso di vite altrui capitolate
314 Alda Bruno. Piccoli esercizi di sopravvivenza familiare
315 Errico Buonanno. Vite straordinarie di uomini volanti
316 Giacomo Debenedetti. Un altro Proust
317 Luca Scarlini. Il Caravaggio rubato. Mito e cronaca di un furto
318 Maryline Desbiolles. La scena
319 Andrea Camilleri. Conversazione su Tiresia
320 Honoré de Balzac. Honorine
321 Antonio Manzini. Ogni riferimento è puramente casuale
322 Luciano Canfora. Il copista come autore
323 Andrea Camilleri. Autodifesa di Caino
324 Lorenzo Mondo. Felici di crescere
325 Roberto Alajmo, Francesco M. Cataluccio, Daria Galateria, Alicia Giménez-Bartlett, Scott Spencer, Fabio Stassi. Vivere con i classici